Almudévar

Carmen Buil Milne
Hill College, Southampton

Longman

Photographs by: Pascual Cuello and Jesús Buil Giral

LONGMAN GROUP LIMITED
London

Associated companies, branches and representatives throughout the world

First published by Longman Group Ltd 1978
ISBN 0 582 35815 9

Printed in Great Britain by
Lowe and Brydone (Printers) Ltd, Thetford

Contents

Almudévar

Desde la carretera que viene de Zaragoza, Almudévar ofrece un aspecto extraño y fascinante. En lo alto de un cerro se ven las ruinas de un viejo castillo y una ermita rodeadas por las típicas bodegas excavadas en la roca que nos traen visiones de cavernas prehistóricas. El pueblo está edificado principalmente en las laderas, pero se va extendiendo cada vez más por la llanura y junto a la carretera que lo pone en comunicación con dos capitales aragonesas: Huesca y Zaragoza.

No hace falta pasar mucho tiempo en Almudévar para darse cuenta de que este pueblo no tiene nada de prehistórico. Por el contrario, es de los pueblos que forjan la historia, no por medio de grandes hazañas sino por el trabajo constante, el espíritu emprendedor y el ingenio nativo.

En las entrevistas que siguen, catorce de sus habitantes nos hablan francamente sobre varios aspectos de la vida en este pueblo así como de sus propias vidas en el ambiente familiar y profesional. A todos ellos que con amabilidad y paciencia se sometieron a mis entrevistas, así como a todas aquellas personas que de una u otra manera me ayudaron en la empresa de sacar a luz este libro, les doy aquí mis gracias más sinceras.

Introduction

Almudévar is a well-known village in the sparsely populated province of Huesca where I was born and I have known about it from my earliest years. However, a closer connection came about when one of my brothers married a girl from the village. We go for our summer holidays to Huesca and we soon discovered the advantages of travelling the ten-mile stretch along the road to Zaragoza every day in order to spend the scorching hours of the early afternoon in Almudévar. The atmosphere is easy-going and friendly and has the added bonus of a swimming pool in one of the new gardens converted from old farmyards.

Every summer, we would spend at least one or two weeks at my brother's house in the village and we came to feel completely at home there and to know its people and to love them.

The Province of Huesca has plenty of beautiful and picturesque villages whose sober Romanesque architecture blends with the rugged landscape of the "Alto Aragon". Little of this is to be found in Almudévar, although, seen from the direction of Zaragoza, it has a dramatic air as it rises amidst the bare, deceptively arid plain, with the foothills of the Pyrenees in the far distance. No dramatic appearance is evident in its conglomeration of plain and decorous streets, well-kept and clean though they are. Some handsome houses from the seventeenth and eighteenth centuries, in the traditional style of the Aragonese Renaissance, are still to be seen, with large balconies protected by beautiful wrought-iron railings and large, overhanging roofs, elaborately carved. Both churches are worth a visit, especially the parish church where a magnificent organ box from the XVIIth century and the altar of Our Lady of the Rosary are its major treasures.

It was the people of Almudévar who gave me the idea of producing a reader for learners of Spanish. The Aragonese qualities, good and bad, are very much in evidence amongst them, without ever reaching the point of caricature; two of these qualities are frankness and self-criticism, and I would consider my work on this book a total failure if they and other characteristics such as resourcefulness, humour, industriousness and unconventionality were not apparent from the interviews which follow.

They were edited with a wide range of students in view; the grammatical structures have been kept as simple as possible, while a fairly wide vocabulary has been used at the same time. Each interview is followed by a vocabulary list giving the meaning of the most unusual words in the passage according to their context. Colloquialisms are unavoidable if we are to keep the original flavour of each interview and so I have also given their meaning.

Of the three exercises accompanying each interview, one at least is suitable for oral practice, which can be further developed from the photographs and realia.

The book should be well within the scope of second-year 'O' level students covering an 'O' level course in two years, or their equivalent, while first-year 'A' level students and others in Further and Higher Education will find it interesting enough for its insight into the background of the language, and the character of contemporary Spain.

CARMEN BUIL MILNE

AYUNTAMIENTO DE LA VILLA DE ALMUDEVAR

Almudévar

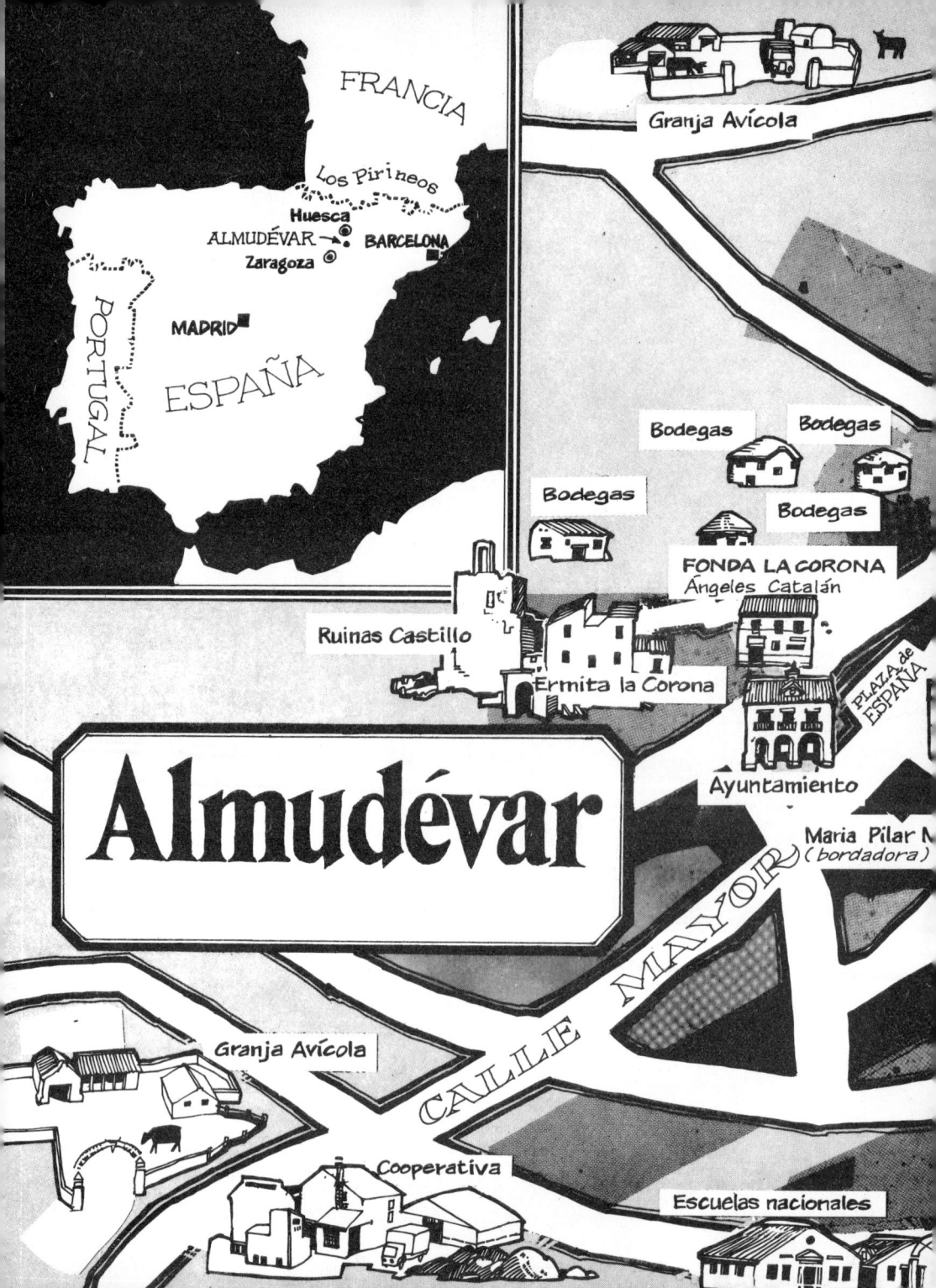

FRANCIA

Los Pirineos

Huesca

ALMUDÉVAR → • BARCELONA

Zaragoza ◉

MADRID ■

PORTUGAL

ESPAÑA

Granja Avícola

Bodegas

Bodegas

Bodegas

Bodegas

FONDA LA CORONA
Ángeles Catalán

Ruinas Castillo

Ermita la Corona

PLAZA de
ESPAÑA

Ayuntamiento

Maria Pilar M
(bordadora)

Almudévar

CALLE MAYOR

Granja Avícola

Cooperativa

Escuelas nacionales

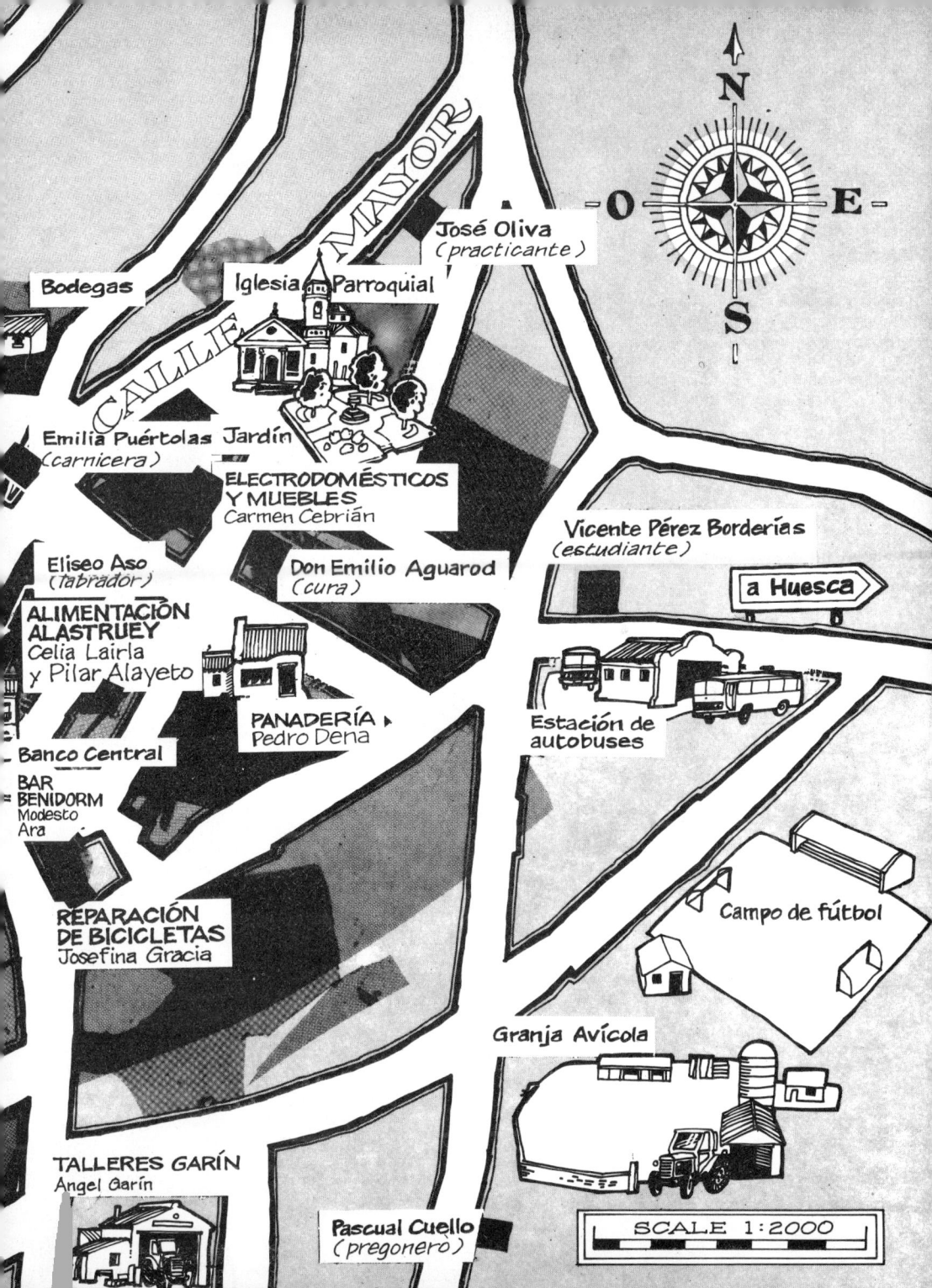

Angel Garín

INVENTOR Y FABRICANTE

El señor Garín ha venido a visitarme al volver de una competición de tiro al plato, su deporte favorito. Su conversación es verdaderamente fascinante.

CBM   ¿Cuándo empezó usted con su afición a la mecánica, señor Garín?

SR GARIN   A mí me parece que la he tenido toda mi vida. De crío ya inventé una especie de cometa en forma de alas para poder volar. La atábamos con una cuerda porque nos daba miedo subir demasiado y siempre volábamos por encima de paja o algo blando.

CBM   La mayor parte de sus inventos tienen relación con la agricultura ¿no es verdad?

SR GARIN   Efectivamente. Mi padre estaba encargado de un patrimonio muy grande cerca de Binaced, entre Binéfar y Monzón. Tenía un taller para reparar la maquinaria y allí cogí afición a la mecánica.

CBM   ¿Cuándo empezó a trabajar?

SR GARIN   Mi padre me puso de aprendiz en un taller de herrería y carretería, y allí estuve unos cuatro años. Después en Binéfar trabajé en un taller mecánico hasta que tuve que ir al servicio militar, el cual hice en la infantería de Marina.

CBM   Seguramente le cogería a usted la guerra civil en el servicio militar.

SR GARIN   Sí, señora, y tuve que quedarme en el servicio cuatro años y medio. Por cierto ¿sabe que durante ese tiempo fui "internacional" de fútbol?

CBM   ¿Y cómo fue eso?

SR GARIN   Pues verá: en 1935 la escuadra inglesa visitó Barcelona. Llegamos a un acuerdo para jugar un partido de fútbol en el Estadio de Montjuich. El comandante debió de pensar: "Estos ingleses que son tan buenos futbolistas . . . ¡ a ver si nos van a poner en ridículo!" Así que, a toda velocidad, llamó a los futbolistas profesionales que estaban haciendo la "mili". En dos días reunió un equipo estupendo. Teníamos internacionales de verdad como Soler, Herrerita . . .

CBM   ¿Jugaba usted también?

SR GARIN   Sí, yo jugaba de portero. Pero con un equipo tan bueno casi no toqué el balón. Les ganamos 3 a 0. Una verdadera paliza. Claro que sin nuestros refuerzos, seguramente nos habrían ganado.

CBM   ¿Y qué hizo al volver de la guerra?

SR GARIN Pues volví a trabajar en el taller de la propiedad que administraba mi padre. No había piezas de recambio y teníamos que hacerlo todo a mano. Después de casarme, mi hermano, que trabajaba en Almudévar de administrador de un patrimonio, me convenció y vine a instalarme aquí.

CBM ¿Empezó en Almudévar también con un taller mecánico?

SR GARIN Sí, primero sólo para reparaciones, pero enseguida empecé a fabricar cosas que yo mismo había inventado. Primero una máquina desgranadora de maíz, luego unas gradas de discos para tractores. Después de esto, dejé para siempre el asunto de las reparaciones.

CBM En este momento ¿qué cosas tiene entre manos?

SR GARIN Hacemos arados de varios tamaños para tractores: de dos rejas hasta siete, éstos para tractores de 250 caballos o más. Pero los inventos recientes que han tenido más éxito son una despedregadora y una máquina aupapacas.

CBM ¿Puede darme más detalles sobre estos inventos?

SR GARIN La despedregadora no saca las piedras sino que las tritura. Tiene una caja de chapa fuerte y dentro va un rotor que pesa 100 kilos. Este rotor lleva una especie de martillos y gira a 1000 revoluciones por minuto.

CBM Me parece una cosa estupenda para esta tierra que con frecuencia está cubierta de piedras. Y el aupapacas ¿cómo funciona?

Un trabajo de soldadura en el taller del señor Garín

El interior de la despedregadora, uno de los inventos de más éxito

SR GARIN La máquina empacadora deja las pacas en el suelo. Para recogerlas se necesitan dos personas y además es trabajo pesado. La máquina aupapacas consiste en una cadena elevadora que lleva el remolque. Se mueve con el movimiento de las ruedas del remolque y coge las pacas automáticamente. Hemos vendido máquinas de éstas en Portugal y en Francia y hacemos unas 250 al año.

CBM ¿Ha obtenido algún premio con sus inventos?

SR GARIN En la Feria de Muestras de Zaragoza me dieron Matrícula de Honor por un arado reversible y de doble labor.

CBM ¿En qué se diferencia de otros arados similares?

SR GARIN En que se puede usar en direcciones contrarias sin tener que darle la vuelta completa. En la Feria nos hicieron películas y unos periodistas nos preguntaron cuántos ingenieros teníamos en la fábrica. "Ninguno," les dije yo. "Lo hemos hecho entre mi hijo, ese de la barba negra, y yo. Que para ser ingenioso no hace falta ser ingeniero."

CBM Deben de darle una satisfacción tremenda todas estas creaciones suyas.

SR GARIN Y muchas preocupaciones también. Mire usted, a mí me gustaría inventar cosas como quien resuelve un jeroglífico. Me gusta hacer una cosa nueva, comprobar que marcha bien y después, dejarla en paz.

CBM Sin embargo, ustedes fabrican algunas de esas máquinas en grandes cantidades.

SR GARIN	Eso es lo malo. Hay tantas solicitudes que no tenemos tiempo de preparar el utillaje para fabricarlas en serie. Me paso la vida en el teléfono pidiendo excusas por no tenerlas a tiempo.
CBM	¿Qué personal tiene?
SR GARIN	Nueve hombres y mis tres hijos.
CBM	¿Han estudiado ingeniería sus hijos?
SR GARIN	Sí, aunque ninguno terminó los estudios, pero me ayudan mucho con problemas técnicos. El mayor sabe muchas matemáticas, y hace los cálculos necesarios con más rapidez y más exactitud que yo. El segundo tiene una imaginación tremenda.
CBM	¿Cuándo le vienen las ideas para sus invenciones?
SR GARIN	Las mejores ideas me vienen en la cama, antes de dormirme, y en la iglesia. Será por el silencio, digo yo.
CBM	¿ Dibuja usted mismo los planos?
SR GARIN	Bueno, si usted los quiere llamar así . . . Hago unos dibujos que sólo yo entiendo. Por eso no tengo miedo a los espías industriales . . .
CBM	¿Qué hace durante las vacaciones, señor Garín?
SR GARIN	No tomo nunca vacaciones. El personal y mis hijos, sí que toman vacaciones. Pero yo sigo bajando al taller y atiendo el teléfono o alguna faena urgente.
CBM	¿Qué planes tiene para el futuro?
SR GARIN	No tengo nada en concreto. Ahora, que lo que me gustaría de veras sería construir lo que yo llamo "piano hidráulico". Sería una máquina con "teclas" muy grandes que se moverían constantemente con el movimiento del mar. Podría usarse como fuente de energía para distintos usos. Pero esto es sólo un sueño. De momento, tengo demasiado trabajo entre las manos.
CBM	No quiero entretenerle más, señor Garín. Muchas gracias. ¡A ver si esos sueños se convierten en realidad!

El señor Garín y dos de sus hijos

VOCABULARIO		
	el tiro al plato—clay pigeon shooting	**la reja**—ploughshare
	el, la crío,-a—child	**la chapa**—metal sheet
	la cometa—kite	**la paca**—bale
	atar—to tie	**el martillo**—hammer
	el taller—workshop	**pesado**—heavy
	la herrería—blacksmith's	**la cadena**—chain
	la paliza—beating	**el remolque**—trailer
	la pieza de recambio—spare part	**comprobar**—to check
	la grada de disco—disc harrow	**el utillaje**—equipment
	el arado—plough	**la faena**—job
	el tamaño—size	**la tecla**—key (of piano, etc.)
	el caballo (de vapor)—horse power	**el sueño**—dream

FRASES Y MODISMOS

Seguramente le cogería la guerra—Probably the war caught you
Pues verá—Well, it's like this
Mire usted—Listen
Eso es lo malo—That is the trouble

NOTAS

Aupapacas—An appliance for lifting bales of straw from the fields. The machine is a novelty in Spain, although readily accepted by señor Garin's customers. He tells me the name was suggested by the village vet.

La "mili" (servicio militar)—Compulsory military service.

de doble labor—This versatile machine combines the ploughshare and the disc harrows, being able to perform two different tasks.

EJERCICIOS

1. Haga usted una lista de las invenciones del señor Garín mencionadas en la entrevista, y describa cada una de ellas.

2. Escriba una carta al señor Garín pidiéndole datos sobre el aupapacas, y la contestación del señor Garín.

3. El señor Garín y sus hijos charlan sobre la posibilidad de exhibir el arado reversible en la Feria Nacional Agrícola. Imagine la conversación sobre el transporte, coste, ventajas y desventajas.

Angeles Catalán

FONDISTA

La "señora Angeles", como la llaman en Almudévar, ha terminado la faena del mediodía y me espera en el comedor de la fonda, fresco y limpio. A la conversación asiste su nieta, cuya atención se concentra en el magnetofón en el que grabo esta entrevista.

CBM	¿Es usted de Almudévar?
SRA CATALAN	De pura cepa.
CBM	¿Cómo empezó su negocio?
SRA CATALAN	Verá usted, yo necesitaba trabajar debido a circunstancias familiares. Aquí había muy pocas salidas para una mujer. Como mi madre y mi hermana habían tenido una fonda, se me ocurrió que yo haría lo mismo.
CBM	Así que empezó usted sola.
SRA CATALAN	¡No, qué va! Mi suegra, que vivía con nosotras, me ayudaba en todo y después de unos años mis dos hijas empezaron a ayudarme también.
CBM	¿Tuvo éxito al principio?
SRA CATALAN	Sí, porque la instalé en un buen momento. El Ayuntamiento había empezado los trabajos de pavimentación de las calles, y vinieron muchos forasteros a trabajar. La oportunidad fué estupenda. Al principio sólo dábamos comidas.
CBM	Pero ahora también tiene habitaciones.
SRA CATALAN	Sí, tenemos ocho habitaciones, pero casi siempre están ocupadas por "fijos".
CBM	¿Quiénes suelen ser los "fijos"?
SRA CATALAN	Los médicos, si son solteros, los peritos agrónomos, empleados de los bancos, del silo . . . Depende.
CBM	Y a las comidas ¿qué clientela tiene?
SRA CATALAN	Desde que instalaron la fábrica de hormigoneras, hace unos tres años, vienen a comer de quince a veinte hombres de esta fábrica durante la semana. Luego los viajantes y forasteros que vienen a trabajar al pueblo; ahora en el verano, muchos turistas, españoles y extranjeros.
CBM	¿Es diferente la clientela de los domingos?
SRA CATALAN	Sí. Los domingos suele ser gente de Huesca y Zaragoza que conoce bien la fonda y que viene porque le gusta la comida.
CBM	¿Viven sus hijas con usted?

SRA CATALAN	Sólo la mayor; la pequeña está casada con un carnicero, pero comen todos aquí y la niña qué tienen, de dos años, pasa aquí casi todo el día. Mírela usted, es como una muñeca.
CBM	¿Quiénes le ayudan hoy día?
SRA CATALAN	Mis dos hijas sobre todo. La mayor sirve las mesas y me ayuda en la cocina y en la limpieza. La más joven friega los platos y, con su hermana, hace la compra. Mi sobrina, Josefina Gracia, que es hija de la hermana que tenía la fonda, viene a echarnos una mano en ocasiones, y una de sus hijas viene todos los días para ayudar a servir las mesas.
CBM	¿Cuál es su papel principal?
SRA CATALAN	La cocina. Me paso casi todo el día guisando. Primero los almuerzos de los "fijos," y a veces también vienen forasteros. Luego la comida, que empezamos a servirla a la una y media para los de la fábrica Luna principalmente; a veces llega gente a comer a las tres y media.
CBM	¿Sirven meriendas?
SRA CATALAN	Naturalmente, lo que piden.
CBM	¿Y a qué hora sirven la cena?
SRA CATALAN	A partir de las diez, pero en verano casi todos la prefieren a eso de las once.
CBM	Deben de acostarse muy tarde.

La comida empieza a servirse a la una y media

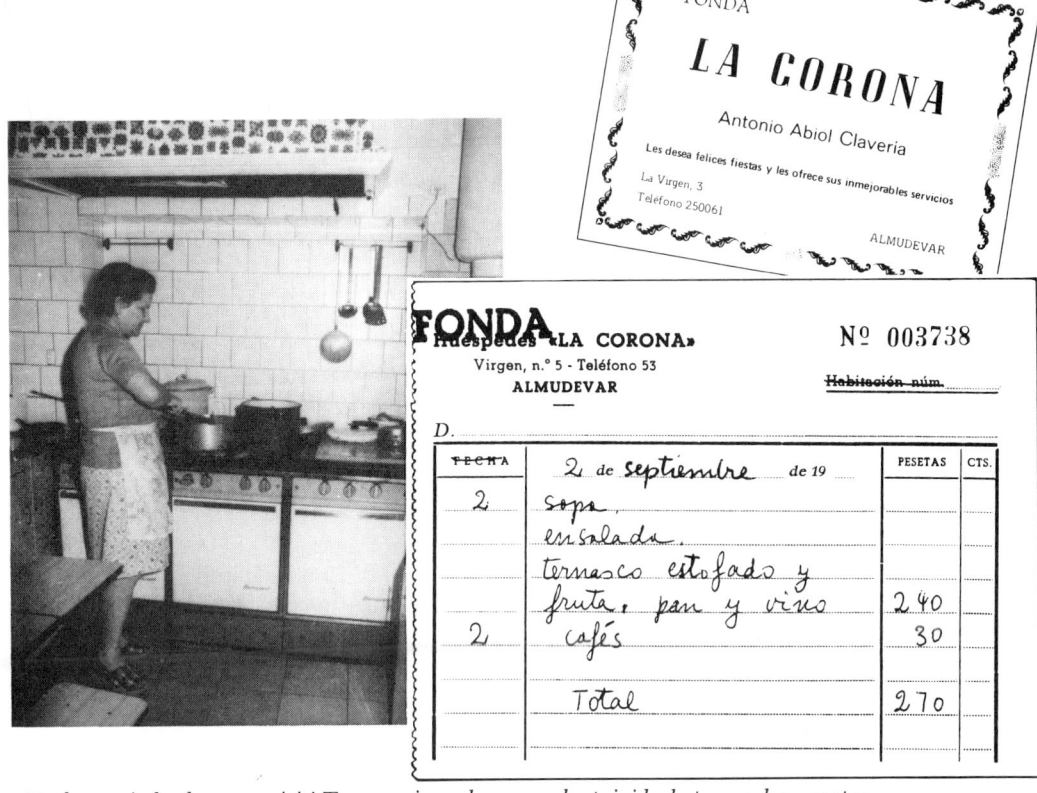

FONDA

LA CORONA

Antonio Abiol Claveria

Les desea felices fiestas y les ofrece sus inmejorables servicios

La Virgen, 3
Teléfono 250061

ALMUDEVAR

FONDA «LA CORONA»
Huéspedes «LA CORONA»
Virgen, n.º 5 - Teléfono 53
ALMUDEVAR

Nº 003738

~~Habitación núm.~~

D.

FECHA	2 de septiembre de 19	PESETAS	CTS.
2	sopa,		
	ensalada,		
	ternasco estofado y		
	fruta, pan y vino	240	
2	cafés	30	
	Total	270	

¡No hay miedo de una crisis! Tres cocinas de gas y electricidad, por so hay cortes.

SRA CATALAN   Claro, porque después de terminar de servir las cenas hay que recoger el comedor y preparar las mesas para el desayuno; en la cocina hay que dejarlo todo limpio.

CBM   ¿A qué se debe el éxito de su establecimiento, señora Angeles?

SRA CATALAN   A que les doy comida sin trampa, como digo yo; comida casera. A veces me dicen: "Señora Angeles, ¿qué ha puesto en esta sopa que está tan buena?" y yo les digo: "¿Qué voy a poner? Sabe bien porque está hecha en casa y todos los ingredientes son buenos."

CBM   ¿Qué productos usa de su propia casa?

SRA CATALAN   Muchos. Los conejos, las gallinas y los cerdos son todos de nuestro corral. Las verduras, de nuestro huerto y la carne de la carnicería de mi yerno. Lo demás del pueblo.

CBM   ¿Y el vino?

SRA CATALAN   ¡Ah! me olvidaba de lo mejor. De nuestra propia cosecha, hecho por mi marido. Cosa buena, se lo aseguro.

CBM   ¿Cree usted que lo aprecian los clientes?

SRA CATALAN   Estoy segura. Nos escriben muchos, a veces desde muy lejos, incluso del extranjero.

CBM	¿Puede decirme el menú de una comida?
SRA CATALAN	Le voy a decir el del domingo pasado. Ensalada, después, a elegir entre sopa, entremeses y paella. Después pollo a lo chilindrón o conejo con tomate. De postre fruta fresca, o melocotón con vino o helado. Y pan y vino de casa.
CBM	Un menú muy apetitoso, sí por cierto.
SRA CATALAN	El conejo sobre todo estaba buenísimo, aunque me esté mal el decirlo. Dos señoras de Zaragoza me pidieron la receta.
CBM	El comedor de la fonda es algo pequeño. ¿Tiene otro comedor?
SRA CATALAN	Sí, tenemos otro comedor en un edificio enfrente de la fonda pero sólo lo usamos para banquetes.
CBM	¿De qué son estos banquetes?
SRA CATALAN	Sobre todo bodas y primeras comuniones. También preparamos y servimos todos los años el banquete de la Hermandad de Labradores. Es un trabajo tremendo, porque asisten unos doscientos.
CBM	Estoy segura de que sus clientes están contentos con usted, pero ¿está usted contenta con sus clientes?
SRA CATALAN	Mire, hay una cosa que me da mucha rabia, y es la gente que ni se mira el menú y me pide un huevo con patatas fritas. Cuando una se molesta en preparar unos platos a conciencia, le gusta ver que los aprecian.
CBM	¿Seguirán sus hijas con el negocio?
SRA CATALAN	No lo creo. Dicen que es una esclavitud terrible.
CBM	¿Suele tomarse vacaciones?
SRA CATALAN	Yo no, pero mis hijas, como toda la gente joven hoy día, sí que se toman vacaciones. A veces salimos todos los de la familia de excursión, al pantano de Tormos o al Castillo de Loarre. Pero ha de ser en época de poco trabajo y un sitio cerca, porque la fonda no se puede dejar sola muchas horas.
CBM	¿Qué santo es ese que veo en la pared del comedor?
SRA CATALAN	San Pancracio, patrón de los buenos trabajadores. "San Pancracio, salud y trabajo" le pido. Ya me dicen que soy tonta. Pero la verdad es que el trabajo me da salud. Cuando tengo poco trabajo, en vez de estar contenta me pongo nerviosa, de mal humor.
CBM	Señora Angeles, sus clientes no me perdonarán si la entretengo más tiempo. Muchas gracias y adiós.

VOCABULARIO

la fonda—boarding house
el magnetofón—tape recorder
grabar—to record
la salida—(here) opening
el, la suegro,-a—father-in-law
mother-in-law
tener éxito—to be successful
el, la perito—qualified technician
la hormigonera—concrete mixer
el, la viajante—commercial traveller
la muñeca—doll
fregar—to wash up
guisar—to cook

recoger—to tidy up
la comida casera—home cooking
saber—to taste
el, la conejo, a—rabbit
el yerno—son-in-law
olvidar—to forget
el melocotón—peach
la recceta—recipe
la boda—wedding
el, la huésped—guest
el pantano—dam
entretener—to keep

FRASES Y
MODISMOS

de pura cepa—of pure (Almudévar) stock
¡Qué va!—Not at all
echarnos una mano—to lend us a hand
¿Qué voy a poner?—What do you expect me to put in it?
sin trampa—without tricks
propia cosecha—home produced
aunque me esté mal el decirlo—although it is not for me to say so
me da mucha rabia—it drives me round the bend

NOTA

Pollo a lo chilindrón—A regional speciality. Basically it consists of a chicken stewed with onions, peppers and tomatoes.

EJERCICIOS

1. Redacte la receta del "pollo a lo chilindrón", incluyendo ingredientes, cantidades y modo de hacerlo.
2. Usted quiere alojarse en la fonda como huésped fijo. Haga las preguntas adecuadas a otro alumno, quien contestará haciendo el papel de la señora Catalán.
3. Redacte un menú típico "de domingo" distinto del que ha dado la señora Catalán.

Eliseo Aso

LABRADOR

Almudévar es, sobre todo, un pueblo agrícola. Por esto me pareció de gran importancia una entrevista con un representante de la clase labradora de Almudévar.

CBM Señor Aso, ¿qué cambios ha visto usted en la agricultura?

SR ASO Se puede decir que los he visto todos: de la yunta al tractor; de la hoz a la trilladora y la cosechadora.

CBM ¿Cuándo empezó a trabajar en el campo?

SR ASO A los once años, ya ayudaba a recoger la cosecha. Cuando yo tenía doce, mi hermano mayor se fué al servicio militar y empecé a hacer toda clase de trabajos. Ya no volví a la escuela.

CBM ¿Cuántas caballerías había en su casa?

SR ASO Mi padre tenía dos o tres caballerías.

CBM Y hoy día ¿qué maquinaria agrícola tiene en sustitución de las caballerías?

SR ASO Bueno, es que las circunstancias son distintas. Mi padre tenía un patrimonio pequeño, pero yo, ahora trabajo además las tierras de mi mujer que son más extensas.

CBM Es decir, que necesita más maquinaria que para el patrimonio de su padre.

SR ASO Eso es. Tengo un tractor de 250 c.v. con remolque. Con mi hermano y un amigo nos asociamos para comprar una cosechadora, porque el precio de esta máquina era demasiado para uno solo. También entre los tres hemos comprado todo el equipo para recoger alfalfa.

CBM ¿Puede decirme qué faenas hace en el campo, siguiendo el calendario?

SR ASO En los meses de enero y febrero se hace muy poco. Pero a fines de febrero, y desde luego en marzo, ya empezamos a labrar. En estos meses es más fácil hacerlo porque la tierra está hueca debido a los hielos. El trabajo más continuo empieza en mayo. Entonces comenzamos a recoger la alfalfa y casi al mismo tiempo hay que preparar la tierra para el maíz, y sembrarlo. Ya es hora de volver a labrar lo que se hizo en febrero y marzo. En junio y julio, la cosecha.

CBM ¿Del trigo?

SR ASO De los cereales en general. Hasta hace unos años, el trigo era casi el único cereal, pero ahora la cebada se ha extendido mucho.

Los terneros en la granja del señor Aso

CBM	¿Por qué cree usted que es así?
SR ASO	En mi caso, me interesa la cebada porque necesito mucha para mi propia granja.
CBM	¿Y los otros labradores?
SR ASO	Siembran cebada porque rinde más. En la misma extensión de tierra, por cada kilo de trigo salen tres kilos de cebada, y no hay mucha diferencia en el precio. No hay que saber mucho de letras para ver dónde hay más ganancia.
CBM	¿Qué faenas tiene durante el verano?
SR ASO	Después de la cosecha, casi todos recogemos la paja. Hay quien la vende, pero yo la uso en mi granja. Después viene la época de coger las almendras y luego empiezan ya los preparativos para la siembra de los cereales: abonar la tierra, labrar, sacar piedras, etc . . .
CBM	¿Cuándo empieza la siembra?
SR ASO	Tradicionalmente aquí se empieza en la Sanmiguelada.
CBM	Es decir, el 29 de septiembre, ¿no?
SR ASO	Exactamente, aunque muchas veces no se hace hasta mediados de octubre. Depende del tiempo.
CBM	No me ha hablado de la vendimia. ¿Es que no hay viñas en Almudévar?

SR ASO	Muy pocas. Hoy día no resulta económico. Pero todavía queda gente en el pueblo que tiene el capricho de hacerse su propio vino.
CBM	Y siguiendo con el calendario agrícola ¿qué hace después de la siembra?
SR ASO	Recogemos el maíz. Ahora se hace casi siempre con cosechadora, y es mucho más rápido. Con esto ya casi terminan las faenas en el campo, por lo menos aquí, en Almudévar. En diciembre se arranca la remolacha azucarera. Hay mucha en España, pero no aquí.
CBM	Hace un momento, al nombrar el vino de Almudévar, me han venido a la memoria esas curiosas bodegas del pueblo, excavadas en la colina misma. ¿Tiene usted una de estas bodegas?
SR ASO	¡Ya lo creo! Aunque la mía no es de las mejores. Para eso, tendría que ver la del señor Abiol, el de la fonda.
CBM	¿Hacen el vino allí mismo?
SR ASO	Sí, claro. Cerca de la puerta hay una ventana. Bueno, parece una ventana, pero en realidad es una puerta alta para facilitar la descarga de las uvas.
CBM	¿Y se pisan allí?
SR ASO	Allí mismo. Por eso se llama a esa parte más alta, la "pisadera". Si se quiere hacer vino tinto, se echa toda la uva al lagar, después de pisada. Allí se la deja fermentar de 15 a 20 días.

CBM	¿Qué se hace si no se quiere vino tinto?
SR ASO	Entonces se echa al lagar solamente el zumo. Ahora casi todo el vino se hace claro; resulta más fácil y más rápido.
CBM	Y desde el lagar, ¿cómo llega hasta las cubas y los barriles?
SR ASO	El lagar comunica con la bodega por una especie de tubo que atraviesa la pared. Al terminar la fermentación, se abre el tubo y el vino cae al "laco".
CBM	Me parece que no conozco esa palabra, "laco" . . .
SR ASO	Creo que es exclusiva de Almudévar. El "laco" es un depósito en la bodega misma. Desde allí se distribuye el vino a las cubas.
CBM	Señor Aso, usted tiene una granja. ¿Qué animales tiene allí?
SR ASO	Exclusivamente terneros.
CBM	¿Son todos de la misma edad?
SR ASO	No, los compro en tres lotes. De esta forma tengo al mismo tiempo pequeños, medianos y grandes. Así no tengo que tener tanto capital invertido. Cuando vendo un lote de terneros grandes, compro uno de terneros recién nacidos.
CBM	¿De qué edad los compra?

El señor Aso y su suegro vienen al almacén a recoger unas pacas de paja para la granja.

También desde la Cooperativa se puede ver la Virgen de la Corona.

SR ASO   Los compro de ocho o diez días.

CBM   Pero a esa edad todavía no comen . . .

SR ASO   Por supuesto que no, pero les doy leche maternizada. Más adelante les doy piensos y cereales. Tengo mi propio molino de piensos y una mezcladora; preparo yo mismo los piensos compuestos.

CBM   ¿A qué edad los vende?

SR ASO   A los doce o trece meses.

CBM   ¿En el pueblo?

SR ASO   No, es un pueblo demasiado pequeño. Generalmente los vendo a los mataderos industriales en Zaragoza, Binéfar o Calamocha. Alguna vez los he vendido en Madrid.

CBM   ¿Quién le ayuda en la granja?

SR ASO   Mi suegro me ayuda muchísimo, tanto en la granja como en el campo. Mi mujer y mi suegra también ayudan cuando hay terneros recién nacidos. Y de mis cuatro hijos, los tres mayores ya me ayudan durante las vacaciones. Y eso que la mayor sólo tiene catorce años.

CBM   ¿Pertenece usted a la Cooperativa?

SR ASO   Sí, como la mayoría de los labradores de aquí.

CBM   ¿Qué función tiene?

SR ASO	Sobre todo la de comprar ciertos productos del campo: cebada, trigo, almendras, alfalfa, maíz etc . . . y vender abonos. De esta manera regula los precios.
CBM	¿Descansa usted alguna vez, señor Aso?
SR ASO	¡A la fuerza! En invierno, sobre todo cuando llueve, hay poco que hacer. Entonces voy al casino por la tarde, a matar el rato. También pierdo algo de tiempo escribiendo coplas populares.
CBM	¿Viaja alguna vez?
SR ASO	Casi nunca. Sólo he estado en Madrid en viaje de novios.
CBM	Me parece usted un hombre contento con su suerte.
SR ASO	Mire usted, yo he visto a mi padre enfermo y sin poder trabajar, mi hermano tuvo que salir de casa a los doce años, para trabajar con unos tíos, yo a los once años dejé la escuela . . . En fin, que he pasado en mi vida por muchas dificultades. Ahora no soy rico pero tengo mi propia familia y tengo lo suficiente para vivir. No ambiciono más.
CBM	¿Está satisfecho de Almudévar?
SR ASO	¡No la cambiaría por Nueva York!

La agricultura en Almudévar está casi completamente mecanizada.

VOCABULARIO

la **yunta**—team (of horses, oxen)
la **hoz**—sickle
la **trilladora**—threshing machine
la **cosechadora**—combine harvester
c.v.—h.p.
labrar—to plough
hueco—(here) soft
sembrar—to sow
el **trigo**—wheat
la **cebada**—barley
rendir—to yield
la **ganancia**—earnings, income

abonar—to manure
la **Sanmiguelada**—Michaelmas
el **capricho**—whim
arrancar—to pull out
la **remolacha**—beetroot
la **bodega**—cellar
pisar—to crush (with feet)
el **lagar**—wine press
el **zumo**—juice
la **cuba**—cask
el **ternero**—calf
recién nacido—newly born
el **pienso**—fodder, feed
el **viaje de novios**—honeymoon

FRASES Y
MODISMOS

me viene a la memoria—it occurs to me
matar el rato—to while away the time
¡ya lo creo!—you bet!

EJERCICIOS

1. Compare las faenas agrícolas en España con las de su propio país, a través de las distintas estaciones del año.

2. Escriba sobre "Un dia en la vida del señor Aso". Y no olvide que su trabajo empieza muy tempiano, en la granja.

3. Usted quiere vender sus productos en la Cooperativa. Imagine un diálogo en el que ofrece sus productos y pregunta los precios para cada uno de ellos y condiciones de venta.

Cooperativa Comarcal

Agropecuaria

Emilia Puértolas

CARNICERA

Emilia Puértolas me recibe en su precioso jardín que cuida con un gran cariño. Los contrastes de luz y sombra son tan exquisitos como los del colorido.

CBM	¿Durante qué horas tiene abierta su carnicería?
SRA PUERTOLAS	Abrimos a las ocho y media y cerramos a las dos. Es decir, hacemos jornada intensiva.
CBM	Esto no es corriente en las carnicerías, ¿verdad?
SRA PUERTOLAS	Tiene usted razón, pero en Almudévar nos encontramos en circunstancias bastante especiales. El pueblo tiene seis carnicerías. Naturalmente, siendo un pueblo más bien pequeño, la mayor parte de los días tenemos pocos clientes. Por esto, nos pusimos de acuerdo todos los carniceros para cerrar por las tardes. Una de las carnicerías permanece abierta cada semana, por turno. De esta manera, podemos dedicar las tardes a preparar la carne y los embutidos, hacer la compra de las carnes para la tienda o sencillamente, descansar.
CBM	¿Cuándo adquirió usted su experiencia de carnicera?
SRA PUERTOLAS	Mis padres tenían una carnicería; mi madre murió cuando yo tenía quince años. Aunque yo no tenía mucha afición a este trabajo tuve que dejar el colegio, donde estaba interna, para ayudar a mi padre. Desde entonces he estado en la tienda.
CBM	Y su marido ¿trabaja también en la carnicería?
SRA PUERTOLAS	¡Ya lo creo! Pero él además tiene a su cargo la ganadería y las visitas a los mataderos industriales. Sus padres también tenían una carnicería. Sin duda era mi destino ser carnicera.
CBM	Ha mencionado los mataderos industriales. ¿Compran allí todas las carnes?
SRA PUERTOLAS	No todas. Nosotros, como otros carniceros del pueblo, criamos los corderos.
CBM	¿Es la carne de cordero la más popular en Almudévar?
SRA PUERTOLAS	Desde luego. Mi marido lleva a los pastores cada mañana a la paridera, donde duerme el ganado. Allí les ayuda durante un rato. Por la noche vuelve a recogerlos.
CBM	¿Hay matadero municipal en Almudévar?

SRA PUERTOLAS	Solía haberlo, pero ya no funciona. Nosotros tenemos un pequeño matadero en el almacén, pero sólo para corderos. Los mata uno de los pastores, a medida que hacen falta.
CBM	Y para el resto de la carne ¿en dónde se suministran?
SRA PUERTOLAS	Principalmente en el matadero industrial de Binéfar, que es el más importante de la provincia.
CBM	¿Dónde guardan la carne?
SRA PUERTOLAS	Tenemos una cámara frigorífica de ocho metros cúbicos construida en nuestro taller, que está detrás de la tienda.
CBM	Además del cordero ¿qué otras carnes se consumen en el pueblo?
SRA PUERTOLAS	La que más gusta es el ternasco, que se come sobre todo en las fiestas, las navidades y la pascua de Resurrección.
CBM	¿Qué es exactamente, el ternasco?
SRA PUERTOLAS	Es el cordero de leche. En otras regiones se llama cordero lechal. Pero el de Aragón es algo especial, sobre todo asado al horno.
CBM	¿Se come el ganado vacuno?
SRA PUERTOLAS	Ahora empieza a venderse un poco más, pero en general no tiene mucho éxito. Puede ser debido al precio, que es mucho más alto que el del cordero.

'Tenemos una cámara frigorífica construida en nuestro taller.'

Pesando la carne de cordero

CBM	Su tienda es también charcutería, por lo tanto me imagino que venden cerdo y embutidos.
SRA PUERTOLAS	Así es. Vendemos cerdo fresco y toda clase de embutidos y jamones algunos preparados en casa.
CBM	¿Cuáles preparan?
SRA PUERTOLAS	En invierno, hacemos todo el mondongo, es decir, morcillas, tortetas, butifarras . . . Estos productos, como son cocidos y no curados, no se conservan mucho tiempo, por eso no nos gusta hacerlos en verano.
CBM	¿Qué variedades de embutidos hacen ustedes?
SRA PUERTOLAS	Salchichas, longanizas y chorizos.
CBM	¿Qué diferencia hay entre la longaniza y el chorizo? Supongo que el chorizo llevará pimentón, porque es de color rojo vivo.
SRA PUERTOLAS	Lleva pimentón y lleva ajos. Hay diferencia en las especias, pero además, la carne también es diferente. La de la longaniza es más fina y lleva menos grasa.
CBM	¿Quién prepara los embutidos?
SRA PUERTOLAS	Entre mi marido y yo preparamos la carne. Yo me ocupo de todo lo demás. Compramos la tripa ya limpia y con la ayuda de una máquina embutidora los hago yo sola. Generalmente los hago los miércoles por la tarde y los dejo colgando toda la noche en el taller. A la mañana siguiente los ponemos a la venta en la tienda. Suelen venderse muy deprisa.

CBM	Pero se conservan mucho tiempo, ¿verdad?
SRA PUERTOLAS	Desde luego. Si se dejan secar, se pueden guardar durante un tiempo indefinido. Pero también pueden comerse recién hechos; entonces son deliciosos fritos o asados a la parrilla.
CBM	Veo que tiene usted una máquina de cortar carne muy moderna.
SRA PUERTOLAS	Sí, resulta muy práctica. Sin embargo hay personas a las que no les gusta. Dicen que queda un polvo al cortar los huesos. Por eso algunos prefieren el sistema tradicional de cortar los huesos con la cuchilla.
CBM	El pollo que venden ¿es de la localidad?
SRA PUERTOLAS	No, es de granja. Solemos comprarlo en Huesca.
CBM	Si alguna vez le queda tiempo libre, lo cual me parecería bastante raro ¿qué es lo que más le gusta hacer?
SRA PUERTOLAS	Pues desde luego cuidar mis plantas. Realmente tengo poco tiempo libre. Además de mi trabajo en la tienda, tengo que hacer el trabajo doméstico. Somos nueve personas en la casa porque mi padre y mis suegros viven con nosotros. Y yo tengo cuatro hijos. Hoy día, aquí en España, es muy difícil encontrar ayuda doméstica . . .
CBM	No sé cuánto tiempo pasa usted con sus flores, pero desde luego sabe cómo tratarlas. Pocas veces se ve un jardín tan hermoso como éste.
SRA PUERTOLAS	Pero me da muchísimo trabajo. El clima de Almudévar es extremado: o muy frío o muy caluroso. Y no le digo nada del viento . . . Por eso tengo mis plantas preferidas en macetas para poder colocarlas en la posición más conveniente.
CBM	¡Pero esas macetas pesan una tonelada!
SRA PUERTOLAS	Es cierto, pero no se pueden dejar siempre en el mismo sitio. Por ejemplo esta "Duquesa" la tenía en el patio de entrada y se le caían las hojas. La saqué al jardín y la puse entre las cañas de las judías, y ya ve usted qué preciosa está ahora. ¡Valía la pena molestarse un poco!
CBM	Muchas gracias por su paciencia y su amabilidad, señora Puértolas.

VOCABULARIO

la **sombra**—shade
corriente—usual
el **embutido**—salami
la **ganadería**—stock
criar—to breed
el **cordero**—lamb
el **pastor**—shepherd
la **paridera**—fold
la **charcutería**—delicatessen
cocido—cooked

curado—cured (with salt, etc.)
el **pimentón**—paprika
el **polvo**—powder
el **hueso**—bone
la **cuchilla**—cleaver
la **maceta**—flower pot
la **judía**—French bean
el **elogio**—praise
el **pollo de granja**—battery chicken

FRASES Y
MODISMOS

nos pusimos de acuerdo—we came to an agreement
estar interno (a)—to be a boarder (at school)
tiene a su cargo—is in charge
asado al horno—roasted
valía la pena molestarse—it was worth the trouble

NOTAS

Jornada intensiva—Most Spaniards interrupt their work for two hours or more for a leisurely lunch. However, it is becoming quite common for them to do an uninterrupted shift of work with just a short break for a snack,

Mondongo—A series of foodstuffs having pig's blood as a common ingredient. It is very popular in the north of Spain, being both inexpensive and filling. "Morcilla" and "torteta" are fairly similar to a black pudding, while the "butifarra" is more like a haggis.

EJERCICIOS

3. Usted hace la compra para toda la semana en la carnicería. Imagine su diálogo con la señora Puértolas teniendo en cuenta que compra para una familia numerosa.

2. El chorizo es el embutido más estimado por todos los españoles. ¿Sería usted capaz de escribir un "elogio al chorizo"?

3. ¿Cuáles cree usted que son las características principales de un jardín típico español? Descríbalas de palabra o por escrito.

Vicente Pérez Borderías

ESTUDIANTE Y BOTONES

Durante el verano, se interrumpen las clases en los Institutos españoles. Gracias a esto, Vicente puede dedicar un buen rato a su deporte preferido: el baloncesto. Le entrevisto en una hermosa era, rodeada por una tapia. Son testigos de la entrevista innumerables hermanos suyos, varios perros y un pacífico burro con el que, sin duda, tienen muy buena amistad.

CBM ¿Cuántos años tienes?

V. PEREZ Dieciséis.

CBM Y ¿cuánto tiempo hace que trabajas de botones?

V. PEREZ Un año. El chico que ocupaba este puesto se fué a la "mili". Yo me enteré de la vacante por un tío que trabaja en el Banco. Me dieron un contrato para año y medio.

CBM ¿Y qué piensas hacer después?

V. PEREZ Ahora tengo el puesto de botones interino. Hasta los dieciocho años no puedo tenerlo en propiedad. Estoy estudiando para presentarme a las oposiciones para este puesto después de haber cumplido dieciocho años.

CBM ¿Qué tienes que hacer en el Banco?

V. PEREZ Distribuyo las letras de cambio por el pueblo, las cobro y también entrego la correspondencia si la hay.

CBM Y en la oficina del Banco ¿qué haces?

V. PEREZ No mucho. Atiendo a la gente que viene a sacar o a poner dinero, o ayudo en algún trabajo concreto.

CBM ¿Cuántas horas trabajas diariamente?

V. PEREZ Sólo trabajo por la mañana, es decir, de ocho a tres.

CBM ¡Las tres de la tarde!

V. PEREZ Bueno, es que como no he comido todavía, eso lo considero la mañana.

CBM ¿Y los sábados?

V. PEREZ Los sábados terminamos a las dos.

CBM ¿Te gusta tu trabajo?

V. PEREZ Es bastante aburrido.

CBM Pero ¿te gusta más que la escuela?

V. PEREZ ¡Ah! eso sí, porque no me gusta mucho estudiar.

CBM Creí que estabas estudiando todavía.

V. PEREZ Sí, es cierto. Además de preparar las oposiciones, estudio para el B.U.P. por la noche.

CBM	¿Que quiere decir B.U.P.?
V. PEREZ	Bachillerato Universal Polivalente. La Enseñanza General Básica (E.G.B.) es obligatoria y termina a los catorce años. Los que quieren seguir estudiando hacen el B.U.P. Son dos años y uno más para los que quieren entrar en la Universidad.
CBM	Pero a mí me han dicho que aquí, en Almudévar, no se pueden seguir los estudios del B.U.P.
V. PEREZ	Eso es verdad. Pero estudio en Huesca.
CBM	¿Cómo combinas el horario?
V. PEREZ	Cuando salgo del Banco, me voy a comer. A las cuatro cojo el autobús a Huesca. Allí tengo una clase particular de cinco a seis para las oposiciones. Después me voy a dar una vuelta por la ciudad para hacer tiempo. A las siete empiezan las clases del B.U.P. en el Instituto.
CBM	¿Y cuándo terminan?
V. PEREZ	A las diez y media. Entonces vuelvo a Almudévar. Mi padre me viene a buscar todas las noches porque el último autobús sale de Huesca mucho antes.
CBM	¿Cuáles son tus diversiones preferidas?
V. PEREZ	El baloncesto. Juego en un equipo de Huesca.

Mientras Vicente se entrena, sus hermanos juegen con el burro.

AUTOMOVILES
LA OSCENSE, S. A.

HUESCA-GURREA DE GALLEGO

Nº 007730

Trayecto de.................... a...................
D. ....

Núm. asiento.........

Pesetas	Cts.

Importe total...............

Hora salida: a las.....21.30

.... de...............de 19...

El Administrador,

Nº 004068

Automóviles La Oscense, S. A.

ALMUDEVAR - HUESCA
(O VICEVERSA)

Importe: 32.00 ptas.

N.º asiento............ Hora............

Fecha ....

Cine PRINCIPAL Almudévar (Huesca)

Butaca 1 NOV Nº 00190

Fecha

ENTRADA

CBM	¿Tienes aquí facilidades para entrenarte?
V. PEREZ	Mi padre ha puesto un poste con un cesto en una era que tenemos. Don Paco, un profesor de la escuela, viene a entrenarme a menudo.
CBM	¿Te gusta vivir en Almudévar?
V. PEREZ	Sí que me gusta. En una ciudad, te pasa algo y la gente ni se entera. Hay montones de gente, pero nadie te dice nada. Aquí es distinto; sales a la calle y conoces a todo el mundo.
CBM	¿Qué crees tú que falta en Almudévar?
V. PEREZ	A mí me gustaría ver más instalaciones deportivas. Para la gente de mi edad no hay otra cosa que hacer sino ir a los bares a charlar y jugar con las máquinas tragaperras.
CBM	Pero, por lo menos, hay un buen campo de fútbol, ¿no?
V. PEREZ	Eso sí. Lo están terminando. Dicen que después empezarán un complejo deportivo, con pistas de atletismo, piscinas etc . . . Esto sería estupendo.
CBM	¿Qué me dices de la discoteca que van a construir junto al Casino?
V. PEREZ	Pues eso a mí, me da lo mismo, porque no me gusta bailar.
CBM	¿Te gusta el cine?
V. PEREZ	Sí, pero no voy mucho. Aquí hay un cine y ponen películas los jueves, sábados y domingos. A veces voy al cine en Huesca.

CBM ¿Qué otras aficiones tienes?

V. PEREZ Me gustan los animales, sobre todo los perros. Tenemos dos perros y también un burro; mi padre lo ha comprado para mis hermanos.

CBM ¿Cuántos hermanos tienes?

V. PEREZ Seis: cinco chicos y una chica. Yo soy el mayor de todos.

CBM Tu padre es labrador. ¿No te gustaría trabajar con él en el campo?

V. PEREZ A mí, sí que me gustaría. Pero mi padre no me deja. Quiere que termine los estudios y que tenga un trabajo fijo.

CBM ¿Qué vacaciones tienes en el Banco?

V. PEREZ Nos dan nueve días cada seis meses, es decir, dieciocho días al año.

CBM ¿Y qué haces durante ellos?

V. PEREZ Nada de particular. Pero dedico más tiempo a entrenarme. También hago alguna excursión.

CBM Adiós, Vicente. Te deseo éxito en tus exámenes. Sigue dándole al balón.

Su padre también usa el banco . . .

VOCABULARIO

el **botones**—commissionaire
el **baloncesto**—basketball
la **era**—threshing floor
la **tapia**—wall (of a garden, yard)
el, la **testigo**—witness
la **letra de cambio**—draft
    cobrar—to collect (money)
la **clase particular**—private lesson
    entrenar—to train

enterar—to find out
el **montón**—lots
la **maquina tragaperras**—one-
    armed bandit
la **pista**—track
el **director del Banco**—Bank
    manager
el **plano**—map (of a town, city, etc,)
la **dirección**—address

FRASES Y
MODISMOS

en propiedad— tenure
Voy a dar una vuelta—I am going to go for a walk
Me da lo mismo—It's all the same to me
Hacer tiempo—to while away the time

NOTA

Oposiciones—Posts in the Spanish Civil Service, the teaching profession, banks and many others are filled by means of competitive examinations under the revealing name of "oposiciones".

EJERCICIOS

1. El director del Banco entrega a Vicente varias cartas para llevar a las personas que aparecen en las entrevistas precedentes. Con ayuda del plano invente un diálogo en el que Vicente pide detalles al director sobre la identidad de las personas y su dirección.

2. Antes de empezar el entrenamiento, don Paco y Vicente hablan de los estudios y los deportes en general. Imagine el diálogo.

3. Describa la escena en la era de Vicente con los personajes y los animales mencionados, mientras Vicente se entrena.

ALIMENTACION
ALASTRUEY
Teléfono 250045 – ALMUDEVAR (Huesca)

Albarán núm. **340**

SERVICIO A DOMICILIO

17 de agosto de 19

Sr. D. Andrés Fontana Ruiz

Cantidad	CONCEPTO	Precio	PESETAS	CTS.
2 kilo	arroz	44	88	—
4 Kg.	azúcar	33	132	
2	latas de sardinas	42	84	
½ Kg.	macarrones	60	30	
1	lata de olivas (deshuesadas)	—	28	
1	lata de espárragos	—	95	
¼ Kg.	café "La Fortaleza"	700	175	
2	melones (5 kgs.)	25	125	
1 Kg.	uva moscatel	—	75	
1	lechuga	—	10	
3 Kg.	tomates	25	75	
1	limón	5	3	
1 Kg.	merluza congelada	—	150	
½ Kg.	sardina gorda	80	40	
	TOTAL		1.110 pts	

Pagado

Celia Lairla y Pilar Alayeto

ALIMENTACION

CBM	Su establecimiento se llama "Alimentación Alastruey" ¿no es así?
SRA LAIRLA	Así es.
CBM	Sin embargo, casi todo el mundo lo llama "casa Bolea."
SRA LAIRLA	Es la costumbre de los pueblos. Aquí los apellidos no significan nada. Las personas y los negocios tienen motes. Estos se deben a la casa donde viven, al oficio de algún antepasado o a circunstancias familiares.
SRA ALAYETO	Por ejemplo, al señor Cuello, el pregonero, le llaman "el Botero" porque su padre hacía botas. Pedro Dena, el panadero, es "Pedré" para todo el mundo, y hay otro al que llaman "Pan Florido"; al Bar Benidorm, de Modesto Ara, se le sigue llamando "casa Pedro".
CBM	La tienda pertenece a la cadena VEGÉ ¿verdad?
SRA ALAYETO	Sí, pero hay otras dos tiendas en el pueblo que también pertenecen a esta cadena.
SRA LAIRLA	También hay una SPAR.
CBM	¿Quiénes trabajan en el negocio?
SRA LAIRLA	Toda la familia. Mi suegro puso el negocio y ahora, todos estamos metidos en él.
SRA ALAYETO	Celia y yo estamos casadas con los dos hermanos mayores. Hay también una hermana casada con un carnicero y otro hermano soltero.
CBM	¿Qué tarea tienen ustedes dos?
SRA LAIRLA	Pilar y yo somos las cajeras. Y como la caja está junto al departamento de embutidos, atendemos también este departamento.
CBM	¿No es un autoservicio?
SRA ALAYETO	Sí que lo es, pero hay cosas que la gente no acepta preparadas en paquetes. Hay gustos muy distintos por lo que se refiere a estos artículos. Hay quien los prefiere en una pieza y otros en rodajas muy finas. Unos en grandes cantidades y otros en cantidades muy pequeñas. Pasa lo mismo con el queso y los encurtidos.
CBM	¿Qué son encurtidos?

SRA ALAYETO	Alimentos que se conservan en líquido, generalmente vinagre o agua de sal. Los más corrientes son olivas, pepinillos y atún en escabeche.
CBM	¿De qué se encarga el resto de la familia?
SRA LAIRLA	Mi suegro y el hijo pequeño están casi siempre en el almacén, en donde hay mucho trabajo. Mi marido está en la sección de pescadería y mi cuñado está al frente de un establecimiento que acabamos de instalar en Huesca.
CBM	¿Un autoservicio, también?
SRA ALAYETO	No, es un puesto en un mercado. Venden solamente frutas y verduras y pescado. Cierran al mediodía y vienen a comer a Almudévar.
SRA LAIRLA	Y por la tarde, van con mi marido a comprar fruta por los pueblos.
SRA ALAYETO	Tenemos unas cámaras frigoríficas de mucha capacidad. Podemos comprar la fruta y verdura en grandes cantidades cuando es más barata y guardarla todo el tiempo necesario. Y además tenemos fruta de nuestros propios huertos.
SRA LAIRLA	Por eso podemos hacer la competencia, incluso en Huesca. Este año hemos vendido unos espárragos extraordinarios a precios bajísimos.
CBM	¿Venden sus propias frutas a otros establecimientos?
SRA LAIRLA	¡Ya lo creo! Llevamos a Zaragoza el excedente de fruta y verduras: ciruelas, peras, espárragos etc . . . y traemos de allí lo que necesitamos para nuestra tienda.

¡Hay pescado fresco!'

Frutas		Pescados	
Tomates	25 pts.	Pescadilla	180 pts
Judías de la manteca	45 pts	Calamares	60 pts
Pimientos tiernos	35 pts	Bonito	260 pts
Cebollas	20 pts	Sardina fina	40 pts
Acelgas	15 pts	Merluza congelada	140 pts
Lechuga	10 pts unidad		
Pera limonera	35 pts	Besugo de Vigo	190 pts
Melocotones duros	65 pts	gambas	400 pts
Melones miel	30 pts	gambas extra	600 pts
Sandías	25 pts	Mejillones	36 pts
Plátanos	45 pts		
Limones	30 pts	¡¡ HOY !!	
Uva moscatel	70 pts	Codornices de granja	32 pts (unidad)

CBM	¿Tienen ayuda de fuera?
SRA ALAYETO	Tres chicas aquí en Almudévar y dos en Huesca.
SRA LAIRLA	Trabajamos once personas entre los dos establecimientos y trabajamos en donde somos más necesarios. Ahora, por ejemplo, mi cuñado necesita ayuda durante las fiestas de Huesca. Pues dos de nosotros irán allí durante una semana. Pronto, para las fiestas de Almudévar, pasará al revés.
SRA ALAYETO	Mi suegra hace la comida principal para toda la familia y cada semana, le ayuda una de nosotras. Así la otra y el resto de la familia no necesitan preocuparse de asuntos domésticos.
CBM	¿Cuántos se reúnen?
SRA LAIRLA	Mis suegros, mi cuñado soltero y nosotras dos con nuestros maridos y nuestros hijos: yo tengo un niño y una niña y Pilar tiene un niño.
SRA ALAYETO	Pero mi suegra es muy buena cocinera y no se asusta por tener que preparar comida para diez personas.
CBM	¿Qué secciones tienen en "Alimentación Alastruey?"

SRA LAIRLA	Tenemos dos de alimentos frescos: pescadería y frutería, donde también se venden las verduras y legumbres.
CBM	¿No es corriente tener una pescadería en un autoservicio, verdad?
SRA LAIRLA	No, pero la familia de mi marido siempre la ha tenido y a él le gusta mucho. Dice que da vida a la tienda.
SRA ALAYETO	Y aquí nos llega el pescado muy fresco. Los camiones frigoríficos que lo llevan a Huesca se paran antes en Almudévar. A las ocho de la mañana lo descargan en la carretera. Han pasado poco más de doce horas desde que lo pescaron.
CBM	¿Cuáles son las otras secciones?
SRA ALAYETO	El departamento de embutidos que ya hemos mencionado y el autoservicio propiamente dicho.
CBM	¿Qué artículos venden en la sección de autoservicio?
SRA LAIRLA	Por una parte productos alimenticios como conservas, pastas para sopa, legumbres secas, galletas, chocolate, vinos y licores, aceites etc.; por otra productos de limpieza doméstica y productos de tocador.
SRA ALAYETO	Si no hay mucha gente en la frutería o la pescadería, se puede hacer la compra bastante de prisa. Pero a veces, sobre todo en la frutería, se forman unas colas terribles.
CBM	¿Venden leche?
SRA LAIRLA	Poca. Sólo tenemos leche esterilizada. En el pueblo hay varias casas donde venden una leche deliciosa de sus propias vacas.
CBM	¿Y pan?
SRA ALAYETO	En el pueblo hay cuatro panaderías que hacen un pan buenísimo.
SRA LAIRLA	Pero vendemos pan especial "inglés" Bimbo, y bollos, pastas de té, pan de régimen y "cakes".
CBM	¿Qué les parece a ustedes Almudévar?
SRA LAIRLA	A mí me parece estupendo.
SRA ALAYETO	Pero con mil habitantes más sería mejor. Por ejemplo, ahora sólo tenemos la E.G.B. (Enseñanza General Básica). Con 4.000 habitantes, pondrían el B.U.P. y se resolvería el problema de la educación.
SRA LAIRLA	Nosotros queremos instalar un nuevo supermercado a todo plan. Pero no nos atrevemos a invertir demasiado dinero. Con sólo 3.000 habitantes, los beneficios son muy limitados.
CBM	Estando toda la familia en el negocio, les será posible tomar vacaciones por turno.
SRA ALAYETO	Generalmente, sí. Pero hace ya dos años que no vamos. Tenemos muchos gastos con el nuevo supermercado. ¡Hay que ahorrar!
CBM	Pues a ver si al año que viene hay más suerte. Muchas gracias a las dos.

VOCABULARIO

el apellido—surname
el mote—nickname
la cadena—chain
   metido—involved
el, la soltero,-a—bachelor, spinster
la tarea—task
el, la cajera—cashier
la rodaja—slice
el queso—cheese
el pepinillo—gherkin

el atún en escabeche—soused tunny
el, la cuñado,-a—brother-in-law sister-in-law
el excedente—surplus
la ciruela—plum
el bollo—roll
el régimen—diet
la suerte—luck
el pedido—order
la entrega—delivery

FRASES Y MODISMOS

al revés—the other way round
a todo plan—in grand style
¡Hay que ahorrar!—you have to save!

EJERCICIOS

1. Redacte un pedido de comestibles con instrucciones para la entrega, cantidades, presentación etc.

2. "Alimentación Alastruey" sólo recibe la longaniza de Graus una vez por semana, pero esta semana no ha llegado. Imagine el diálogo entre un cliente que pide este producto y la cajera que le explica por qué no ha llegado.

3. ¿Puede usted subsistir con su actual vocabulario de español? Haga la prueba. Redacte una lista de los productos que considera imprescindibles con dos secciones: comestibles y no comestibles.

'Antes de salir pasen por caja.'

Modesto Ara

PROPIETARIO DE BAR

A las once de la mañana, el establecimiento aparece cerrado. Pero dentro, Modesto Ara y su mujer, Josefina López, están ya en plena actividad. Modesto acaba de volver de la compra diaria y está preparando las tapas para el aperitivo. Mientras, Josefina hace la limpieza de los locales. El señor Ara interrumpe amablemente su actividad para contestar a mis preguntas.

CBM   En mis visitas a este bar he podido comprobar que pocas veces hay mujeres. ¿A qué se debe esto, señor Ara?

SR ARA   La mayoría de ellas tienen obligaciones en sus casas. Las jóvenes, que no tienen obligaciones domésticas, no vienen porque falta ambiente.

CBM   ¿De quién es la culpa?

SR ARA   De los hombres, por supuesto. Verá usted, poco después de abrir este bar, venían aquí todas las noches unas chicas muy simpáticas. Pues fíjese, nadie se acercaba a hablarles, a pesar de que aquí en el pueblo, nos conocemos todos. Por fin dejaron de venir, aburridas.

CBM   ¿Supongo que para las fiestas las cosas serán distintas?

SR ARA   Sí, durante las fiestas vienen muchos matrimonios jóvenes y grupos de chicos y chicas. También vienen algún domingo por la tarde.

CBM   ¿Es usted de Almudévar?

SR ARA   No, soy de Huesca, pero mi mujer es de Almudévar.

CBM   ¿Quién le inició en el oficio?

SR ARA   Mi padre, que era camarero en el bar Correos de Huesca.

CBM   Entonces conocerá bien su trabajo.

SR ARA   Yo creo que sí. Empecé a ayudar a los once años, conque ya ve usted.

CBM   ¿Qué clase de clientela tiene usted?

SR ARA   Gente de toda clase, pero abunda la gente más bien mayor. Aunque esto depende mucho de la hora. Por ejemplo, a la hora del aperitivo, antes de comer, vienen pocas personas, y éstos suelen ser profesionales: médicos, peritos, empleados de los bancos, maestros y el señor practicante.

CBM   ¿Por qué no vienen los labradores?

SR ARA   Después del trabajo físico en el campo tienen ganas de descansar cómodamente en sus casas. Pero en cambio, suelen venir trabajadores forasteros que no tienen casa a donde ir, hasta la hora de comer.

CBM   ¿Y por la tarde?

El café sigue siendo la bebida más popular.

SR ARA   A la hora del café vienen muchos de todas las edades. Pero se van pronto y los que se quedan durante la tarde suelen ser los jubilados. Se toman un café o una manzanilla y pasan la tarde jugando a las cartas.

CBM   ¿Ha notado alguna diferencia entre este sector desde que han inaugurado el Hogar de Ancianos?

SR ARA   Sí que se ha notado, y es natural. Un café no vale mucho, doce pesetas, pero aún esto es demasiado para algunos. Las pensiones suelen ser bastante pequeñas.

CBM   ¿Aumenta el número en invierno?

SR ARA   Efectivamente. Tenemos calefacción central y televisión en color y esto atrae mucho.

CBM   Supongo que por la noche tendrá mucha clientela.

SR ARA   Es la hora de más jaleo. La gente viene aquí más a charlar que a beber. Sobre todo los sábados y domingos.

CBM   ¿Y atiende el bar usted sólo?

SR ARA   No, lo atendemos entre mi mujer y yo. Ella está aquí todos los días hasta las seis o siete de la tarde; los sábados y los domingos hasta que cerramos.

CBM   ¿Qué horario tienen?

SR ARA   Venimos al bar a eso de las diez. Mi mujer hace la limpieza y yo preparo todo lo necesario: el hielo, el limón, la soda etc . . . Entre mi mujer y yo preparamos las tapas, en caliente y en frío. A las doce y media abrimos y ya no cerramos hasta las dos de la madrugada. Algunas noches en invierno cerramos antes si no hay clientes.

CBM	¡Catorce horas! ¿Y no tienen algún día de fiesta?
SR ARA	Generalmente no. En los ocho años que llevamos en este bar, solamente hemos cerrado diez días, para asistir a bodas o entierros. Pero este año tenemos intención de cerrar después de las fiestas y marcharnos de vacaciones a una playa con nuestro hijo.
CBM	Pues ya se las merecen, desde luego. Usted sirve sobre todo bebidas, aunque también sirve tapas e incluso cenas. ¿Qué bebidas son las más populares?
SR ARA	El café y la cerveza.
CBM	¿Y qué otras bebidas tiene?
SR ARA	Tengo de casi todas. Vinos y champanes de varias marcas, coñac, whiskies, españoles y escoceses, licores de todo tipo, ponche, vermuts de varias marcas . . .
CBM	¿Qué prefiere la gente jóven?
SR ARA	Bebidas refrescantes. Ahora está muy de moda el Biter Kas que se parece al Biter Cinzano pero no lleva alcohol. Y la Tónica Schweppes tiene mucho éxito. La juventud moderna bebe poco alcohol.
CBM	Eso es una buena cosa ¿no le parece?
SR ARA	Pues, no sé. Antiguamente los hombres bebían mucho vino y cazalla y cosas así, y se hacían más viejos que ahora.
CBM	Aquí en el centro del pueblo hay cinco bares casi juntos, además del Casino. ¿No les perjudica tanta competencia?
SR ARA	¡Al contrario! Atraen a los clientes a esta zona, y una vez aquí les gusta ir de bar en bar.
CBM	Veo que tiene usted varias máquinas tragaperras. ¿Son de usted, o las alquila?
SR ARA	Yo prefiero comprarlas. Cuestan 20.000 pesetas cada una, pero si las cambio cada año me dan muy buen precio por las viejas. La gente llega a cansarse de ver siempre los mismos juegos. De esta manera, traigo juegos nuevos cada año y no tengo que pagar una barbaridad.
CBM	Señor Ara, ¿cree usted que ha valido la pena venir a trabajar a Almudévar?
SR ARA	A mí me parece que "más vale ser cabeza de ratón que cola de león". Los principios fueron duros, desde luego. Tuve que pagar mucho traspaso y también costó mucho dinero equipar el bar a base de bien. Pero ya he terminado de pagarlo y el negocio marcha.
CBM	No quiero entretenerle más, señor Ara. Muchas gracias por su atención.

LISTA DE PRECIOS

CLASIFICADO EN 4ª **CATEGORIA**   **EMPRESA:** _MODESTO ARA BORQUE_

POBLACION _ALMUDEVAR_ **(HUESCA) DOMICILIO SOCIAL** _GRAL PONTE_

ARTICULOS	Mostrador Pesetas	Mesa Pesetas	Terraza Pesetas
Café.	7		
Café expres con leche	9		
Café cortado con leche.	8		
Desayuno de café con leche (vaso grande).	12		
Leche (vaso grande).	10		
Leche (vaso pequeño).	7		
Leche esterilizada, botella 1/4.			
Batidos esterilizados, botella 1/4 en limón, vainilla, cacao, caramelo y similares	12		
Manzanilla, té o tila.	7		
ESPUMOSOS Y REFRESCOS			
Cerveza, caña 20 cl.			
Cerveza tercio 30 cl.			
Cerveza, caña doble.			
Cerveza Especial, botella 1/3 (33 cl.)	10		
Cerveza Especial, botella 1/5 (20 cl.)	7		
Cerveza corriente, botella 1/3 33 cl.)	7		
Cerveza corriente, botella 1/5 (20 cl.)	5		
Jarabes o refrescos K.A.S.	12		
Coca-cola y Pepsi-cola	11		
Sidra (botellín 1/5 litro).	9		
Sidra (botella grande)			
Sidra a granel (caña o copa)	6		
Champagne Codorníu y similares	175		
Champagne otras marcas	110		
Champagne Benjamines	35		
Zumos naturales, a la vista.			
Zumos naturales, envasados	14		
Gaseosa, botella pequeña			
Gaseosa, botella familiar			
MOSTO	10		
AGUAS			
Tónicas.	12		
Vichy y similares, botella 1/4 litro.	7		
Vichy y similares, botella 1/2 litro.			
Solares, botella 1/4 litro.			
Solares, botella 1/2 litro.			
Vilas del Turbón de 1/2 litro.			
HELADOS			
Helados de corte.			
Helados en copa.			
Nata natural			
Leche halada, vaso grande.			
Leche halada, vaso pequeño			
Café helado			
Blanco y negro (pequeño)			
Limón helado granizado (grande).			
Limón helado granizado (pequeño).			
Horchata (1/4 litro)			
VERMUTS			
Botellín blanco	18		
1/2 botellín blanco.	10		
Botellín dorado	18		
1/2 Botellín dorado	10		
Vermut corriente (1/2)	6		
Vermut corriente, entero	12		
Botellín Bitter.	18		
1/2 botellín Bitter.	10		
Amer Picón			
Campari			
Cynar			
Pernod			
Ricard	20		
Porto flits	20		

ARTICULOS	Mostrador Pesetas	Mesa Pesetas	Terraza Pesetas
ESPECIALIDADES			
Koctaile individual			
Koctaile de ginebra			
Koctaile en sus especialidades.			
Combinación			
1/2 combinación			
Cuba Libre	25		
1/2 Cuba Libre.	15		
Batidos.	12		
WHISKYS			
Nacionales:			
DYC.	30		
DYC 8 años	55		
Escoceses y similares:			
Chivas Regal.	100		
The Antiquary.	60		
Buchanan's	60		
ESCOCESES (5 años)	50		
BRANDYS Y AGUARDIENTES (COPA)			
Martell y similares	125		
Milenario			
Lepanto	60		
Independencia	60		
Carlos I.	50		
Terry I y similares	30		
Carabela	30		
Insuperable	30		
1900 Terry y similares	30		
Byass 96	18		
Magno.	18		
Carlos III	18		
Centenario.	18		
Fundador	9		
Soberano	9		
Veterano y similares.	9		
Corrientes	7		
Ginebra Gordon's y similares	18		
Ginebra Fokkins	15		
Ginebra M G y similares	12		
Ginebras especiales	30		
Ron Bacardí blanco y similares	10		
Ron Negrita	10		
Ron Day	10		
Ron Negus.	10		
Ron Larios y similares	10		
Ron Escarchado			
CORRIENTES	7		
ANISADOS (COPA)			
Marie Brizard	15		
Asturiano y similares	9		
Anís del Mono.	9		
Anís Escarchado			
Anís Cazalla Clavel	9		
Anís Cazalla otras marcas.	9		
CORRIENTES	7		

ARTICULOS	Mostrador Pesetas	Mesa Pesetas	Terraza Pesetas
LICORES (COPA)			
Cointreau .	22		
Chartreuse y Benedictine	22		
Calisay, Curasao, cacao, etc.	20		
Triple seco.	20		
Crema en sus variedades			
Ponche Caballero.	12		
Ponche otras marcas	10		
Menta y Pipermín.	15		
Estomacal .	15		
Licor 43.	20		
VINOS (CHATO)			
Tío Pepe y similares.	17		
Viña A. B. y similares	22		
Macharnudos La Riva y similares			
Soleras.			
Palo Cortado y similares			
Oportos			
Olorosos			
Tostados (Pedro Ximénez)			
Manzanillas			
Málaga dulce y similares	15		
Jerez dulce.	15		
Moscatel	7		
Montillas, Amontillados y Moriles.	12		
Jerez-Quina o Málaga Quinado.	12		
Riojas Blancos	10		
Riojas claretes	12		
Riojas tintos	12		
Viña Albina, Diamante y similares			
Mistela, Moscatel y Málaga corriente			
Vinos del País, corrientes, tinto y claro	4		
Vino Blanco fino			
Moriles corriente			
RIOJA Y CANCHALES	10		
TAPAS CORRIENTES			
Almendras saladas	12		
Avellanas saladas	10		
Cacahuetes	8		
Ensaladilla de mariscos, ración			
Ensaladilla de otras clases, ración	12		
Aceitunas rellenas ración	8		
Aceitunas de hueso, ración			
Patatas fritas	10		
CALAMARES TAPAS FRIAS			
TAPAS ESPECIALES			
CALAMARES	30		
TAPAS FRIAS	8		
CHAMPIÑONES	25		
RACION DE BERBERECHOS	18		
BOCADILLOS Y SANDWICHS			
Bocadillo Jamón serrano	30		
Bocadillo Jamón York			
Bocadillo de Queso			
Bocadillo de Fiambre	20		
BOCADILLO DE ANCHOAS	15		

PRESENTADO EN 17 JUN.

Almudévar 5 de _Junio_ de 19

EL PROPIETARIO

(C. Uockito Aru)

VOCABULARIO	
la culpa—fault	**el jaleo**—movement
dejar de venir—to stop coming	**el hielo**—ice
aburrido—bored	**la boda**—wedding
el oficio—trade	**el entierro**—funeral
conque—so	**merecer**—to deserve
el, la practicante—medical assistant	**desde luego**—naturally
jubilado—retired	**alquilar**—to hire
la manzanilla—camomile tea	**el traspaso**—good will
la cazalla—a very strong spirit	**las tapas**—snacks

FRASES Y
MODISMOS

No hay ambiente—there is not a congenial atmosphere
pues fíjese—listen
muy de moda—very fashionable
deje correr su imaginación—use your imagination
a base de bien—in grand style, thoroughly
el negocio marcha—business is good

NOTA

"Más vale ser cabeza..."—A Spanish proverb which could be translated as "It is better to be a big fish in a little pond than a little fish in a big pond."

EJERCICIOS

1. Usted visita el bar del señor Ara acompañado por un chico de dieciocho años y un señor de sesenta años. Imagine la conversación con el señor Ara en la que piden bebidas y tapas.

2. Describa las diferencias más importantes entre un bar español y un "pub" inglés.

3. Hoy día están muy de moda en España las "Whiskerías". Deje correr su imaginación y describa una de ellas.

Bar BENIDORM

Modesto Ara Borque

María Pilar Monzón

BORDADORA

El taller de bordados es uno de los puntos de reunión del mundo femenino de Almudévar. Allí acuden no solamente las bordadoras, las alumnas, y las compradoras, sino también mujeres de todas las edades, ansiosas de recibir los consejos de María Pilar en materia de bordados.

CBM	¿Cuándo empezó a bordar, señora Monzón?
SRA MONZON	A los dieciséis años. Aprendí a bordar a máquina en Huesca. Después seguí bordando aquí, en Almudévar.
CBM	¿Y cuándo se estableció en este local?
SRA MONZON	Hace tres años solamente. Con mi marido, llevábamos el bar del Casino, pero a mí lo que más me gusta es bordar. Este local quedó libre y pensamos que sería buena idea poner el bar y el taller de bordados bajo el mismo techo. De esta manera puedo ayudar en el bar cuando me necesitan.
CBM	¿Hace todo el trabajo a máquina?
SRA MONZON	El bordado, casi todo. Pero claro, el acabado de las prendas y algunos detalles hay que hacerlos a mano.
CBM	¿Qué artículos borda?
SRA MONZON	Mantelerías, juegos de cama, cubiertas, pañuelos, en fin, muchas cosas. Ahora mismo estoy bordando las bandas para las reinas de las fiestas.
CBM	¿Qué es lo que más le gusta hacer?
SRA MONZON	Me gusta mucho bordar, por eso me gusta hacerlo todo. Pero prefiero las cosas más artísticas, por ejemplo, el bordado de una bandera o el bordado de cuadros, en tela o en madera.
CBM	¡Ah! pero ¿es posible bordar sobre madera?
SRA MONZON	Sí, porque se trata de un panel muy fino cubierto de parafina, de esta forma la aguja no lo parte. Es un trabajo bastante delicado.
CBM	¿Crea sus propios dibujos?
SRA MONZON	La mayor parte. Otras veces los copio de ilustraciones en libros o revistas. Me gustan mucho los dibujos a base de rosas y éstos los copio del natural.
CBM	¿Es difícil copiar el dibujo sobre la tela?
SRA MONZON	Si no se tiene experiencia, es pesado y difícil, sobre todo en ciertos tejidos. Primero lo dibujo sobre papel, y después lo calco sobre la tela. En el pueblo, hay muchas señoras que saben bordar, a mano o a máquina, pero no les gusta hacer los dibujos. Me traen la tela y yo se la dibujo y les indico los colores.

CBM	¿Recuerda alguna obra en especial?
SRA MONZON	En el Año Santo hice una bandera para la JOFAC (Juventud Obrera Femenina de Acción Católica) de Huesca para llevarla a Roma. En un lado puse a San Lorenzo, muy estilizado, y en el otro el escudo de la JOFAC. Quedó precioso. También recuerdo con satisfacción la bandera nacional que bordé para el Ayuntamiento de Almudévar.
CBM	Estas prendas que borda ¿son todas de encargo?
SRA MONZON	La mayor parte son de encargo, pero cuando tengo tiempo bordo cosas para la venta al público. Los pañuelos. por ejemplo, se venden muy bien.
CBM	¿Qué dibujes les pone?
SRA MONZON	Las flores siempre tienen éxito, y a mí me gustan mucho. Pero este año he hecho una serie de pañuelos sobre Heidi, un personaje de la Televisión, y otra serie sobre animales.
CBM	¿Vende labores que no se han bordado en su taller?
SRA MONZON	Sí, vendo labores de artesanía tradicional: Lagartera, Canarias, Mallorca; también encaje hecho a mano y mantones de Manila.
CBM	¿No borda usted los mantones de Manila?
SRA MONZON	No, los importo de Filipinas ya bordados. Aunque para mis hijas se los bordé yo misma. Pero no quiero hacerlo para el público porque es una labor larguísima.
CBM	Además de las labores ¿qué otras cosas vende?
SRA MONZON	Soy agente oficial de la casa Sigma, así que vendo todos los productos fabricados por esta firma: máquinas de coser, agujas, aceite de máquinas y toda clase de accesorios. Además ahora también vendemos electrodomésticos y muebles de cocina.
CBM	¿Cuántas horas trabaja diariamente?
SRA MONZON	Muchas, porque ha de tener en cuenta que además del taller, atiendo también el bar. En el taller trabajo por la mañana de diez a una y por la tarde de cuatro a nueve. Pero cuando no estoy en el taller estoy en el bar. O sea que en realidad, trabajo desde las nueve de la mañana hasta la una de la madrugada.

Dibujos tradicionales del siglo dieciséis

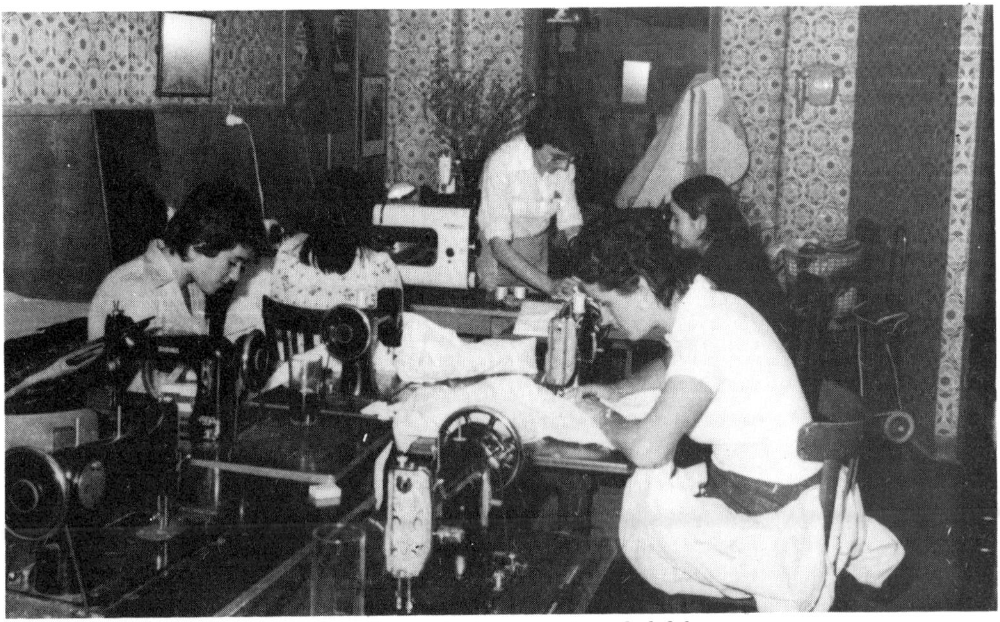

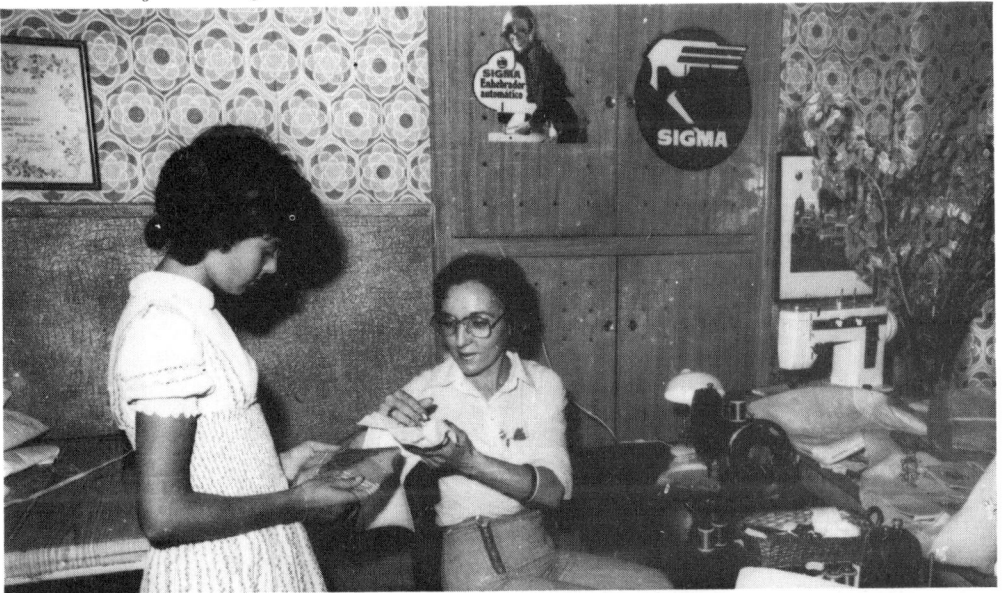

El taller de bordados separado solamente por una pared del bar.

Buenos consejos a una joven bordadora

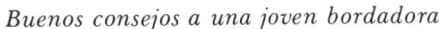

CBM	¿Y cómo se las arregla usted para atender a su familia?
SRA MONZON	No podría hacerlo sin mi madre: tengo cinco hijos. Aunque la chica mayor tiene ya catorce años todavía va a la escuela, por lo tanto no puede ayudar mucho.
CBM	Y aquí en el taller ¿quién le ayuda?
SRA MONZON	No todas las chicas que ve usted son alumnas. Hay cuatro o cinco bordadoras con experiencia que me ayudan. Yo sola no podría atender todos los encargos.
CBM	¿Cierra usted los fines de semana?
SRA MONZON	El taller lo cierro los sábados y los domingos. Pero el bar, es cuando da más trabajo.
CBM	Entonces no le quedará mucho tiempo para distracciones.
SRA MONZON	Me queda tiempo para mi distracción preferida, que es leer. Todas las noches, antes de acostarme, leo dos o tres horas. Es un verdadero vicio.
CBM	¿Qué libros le gusta leer?
SRA MONZON	La verdad es que me gusta todo. Estos días estoy leyendo a Balzac. En general lo que más me gusta es la novela de tipo realista.
CBM	Supongo que tampoco tendrá tiempo para tomarse vacaciones.
SRA MONZON	Pues, precisamente este año he pasado unas vacaciones estupendas en París. Eran mis primeras vacaciones desde que me casé. Mis tres hermanas trabajan allí y fui a pasar unos días con ellas. Durante dos semanas hice vida de turista: visité iglesias y museos, ví monumentos, paseé por calles y plazas, me senté en los parques, ¡y dormí! ¡En mi vida había dormido tanto! Espero volver al año que viene.
CBM	¡Que así sea! Creo que se lo merece.

Las tapas en el mostrador son preparadas diariamente por la señora Monzón.

VOCABULARIO

el bordado—embroidery
  acudir—to come to
el consejo—advice
la labor—needlework
el local—premises
  llevar—to run (a business)
la prenda—article (clothing)
el juego de cama—matching sheets
  and pillowcases

la banda—sash
la bandera—flag
la madera—wood
la aguja—needle
la madrugada—early morning
  calcar—to trace
el escudo—coat of arms
el personaje—character
la artesanía—crafts

FRASES Y
MODISMOS

ahora mismo—just now
en realidad—in fact
da más trabajo—it requires more attention
hice vida de—I led the life of
¡Que así sea!—Let us hope it comes off!

NOTA

Montôn de Manila. — Silk shawl with wide fringes, colourfully embroidered, worn by Spanish women on some festivities. The genuine ones are very expensive and breathtakingly beautiful.

EJERCICIOS

1. Describa usted un viaje por tren desde Almudévar hasta París por la ruta más corta.

2. La señora Monzón es prima de la señora Cebrián, que vende muebles y electrodomésticos, y a quien conocerá más adelante. Imagine un diálogo en el que charlan de la marcha de sus negocios respectivos.

3. La señora Monzón escribe al importador de mantones de Manila en Madrid, y le hace un pedido de media docena en preparación a las fiestas de Almudévar.

Dibujos tradicionales del siglo dieciséis

Don Emilio Aguarod

CURA COADJUTOR DE LA PARROQUIA DE ALMUDÉVAR

Don Emilio Aguarod es muy joven. Almudévar es su primer puesto después de dejar el Seminario. Hay entusiasmo en sus palabras mezclado con una buena dosis de realismo.

CBM   ¿Cuánto tiempo lleva usted en Almudévar?

DON EMILIO   Unos nueve meses solamente. El nuevo párroco y yo fuimos invitados a algunas de las funciones en las fiestas de la Virgen de la Corona, en septiembre. A fines de mes nos hicimos cargo de la parroquia.

CBM   Además de sus actividades en conexión con la iglesia; la misa, bodas, bautizos, entierros, etc. ¿qué otras actividades desempeña?

DON EMILIO   Las principales son la enseñanza del catecismo, las visitas a los enfermos y la supervisión del Hogar de Ancianos, recién instalado.

CBM   ¿En dónde enseñan el catecismo?

DON EMILIO   En la escuela del pueblo. El párroco y yo vamos dos horas a la semana.

CBM   ¿En qué consisten estas clases?

DON EMILIO   En una serie de diálogos con los alumnos, por medio de los cuales tratamos de darles un conocimiento básico de la religión y la moral cristianas. Evitamos la lección tradicional en lo posible.

CBM   ¿Qué me dice de la atención a los enfermos?

DON EMILIO   De recién llegados a este pueblo, el párroco y yo organizamos un fichero de enfermos recluidos en sus casas, especialmente enfermos crónicos. Los visitamos con regularidad para verlos y charlar con ellos. Esto me parece que ayuda, no sólo al enfermo, sino también a su familia.

CBM   ¿De quién fue la idea del Hogar de Ancianos?

DON EMILIO   Fue idea de las chicas de la Extensión Agraria. Nosotros habíamos pensado en algo así, pero no habíamos concretado nada. Vinieron a consultarnos sobre un local que pertenece a la parroquia, y en donde querían instalar este centro de reunión. Aceptamos el plan encantados.

CBM   ¿Hay algún reglamento para el Hogar de Ancianos?

DON EMILIO   Ninguno. Aquí viene todo el que quiere y a la hora que quiere. Es un lugar de reunión.

CBM   ¿Hombres solamente?

DON EMILIO	En la práctica, sí. Las mujeres, aun las más ancianas, encuentran algo que hacer en la casa, o cuidan de los nietos. Pero los hombres, acostumbrados al trabajo del campo, no saben como llenar las horas del día.
CBM	¿Qué hacen en el Hogar?
DON EMILIO	Charlan, juegan a las cartas o a otros juegos, miran la televisión . . .
CBM	¿Qué otras facilidades tienen?
DON EMILIO	Hace muy poco que lo hemos inaugurado y todavía no tiene muchas. Por el momento, como es verano, hemos instalado un refrigerador con bebidas espumosas y refrescantes. En invierno esperamos poder instalar una cafetera.
CBM	¿Tendrá problemas con la calefacción?
DON EMILIO	No creo. Nos han ofrecido estufas y gasoil.
CBM	¿Quién ha financiado la obra?
DON EMILIO	Ha habido algo de ayuda estatal, pero la mayor parte lo ha hecho el pueblo. La verdad es que el proyecto cayó bien. Además de la cooperación económica, tuvimos abundante colaboración personal.
CBM	¿En qué aspecto?

Un juego de cartas en el Hogar de Ancianos

Las cigüeñas hacen su nido en la torre de la iglesia.

Las Reinas de las Fiestas delante de la Virgen de la Corona

DON EMILIO	En el arreglo de los locales. Toda la labor de albañilería fué hecha por jóvenes del pueblo.
CBM	Entonces, ¿diría usted que la generosidad y el espíritu de cooperación son las virtudes principales de Almudévar?
DON EMILIO	Hasta cierto punto. Lo que pasa es que sólo cooperan cuando, a su juicio, se trata de algo importante. Verá usted: aquí tiene el ejemplo del Hogar de Ancianos y el campo de fútbol. La gente ha aceptado estos proyectos y ha cooperado con entusiasmo. En cambio, la junta del casino ha tenido dificultades con su proyecto para una discoteca. En lo que concierne a la iglesia parroquial, ha sido difícil hacerles comprender la urgencia de las reparaciones que estamos llevando a cabo.
CBM	¿En qué consisten estos trabajos?
DON EMILIO	Lo principal es reparar el suelo que debido a la humedad está en muy malas condiciones. Al mismo tiempo, mover el coro que está en el centro y no deja ver bien la iglesia.
CBM	Es una tarea enorme ¿no?
DON EMILIO	Sí, desde luego, pero vale la pena. Es una iglesia magnífica y mejorará la vista general. Además el suelo no podía repararse sin mover el coro. Y el mismo coro se verá mejor en un lateral o en el fondo de la iglesia.
CBM	¿Tienen un buen órgano?
DON EMILIO	No sólo es bueno, sin que la caja, que es todavía la caja original del siglo dieciséis, es una verdadera obra de arte. El año pasado dio lugar a cierta tensión porque se la querían llevar a Huesca.
CBM	¿Por qué razón?

DON EMILIO	Por varias razones, pero una de ellas era las malas condiciones en que estaba la iglesia.
CBM	Esta iglesia es la parroquia. Sin embargo, las fiestas del pueblo están dedicadas a la Virgen de la Corona. ¿Cómo es esto?
DON EMILIO	La ermita de la Corona era la antigua parroquia de Almudévar. Hace mucho tiempo el pueblo se agrupaba en lo alto de la corona. En el centro estaban la iglesia y el castillo. Después, edificaron cada vez más abajo hasta llegar adonde hoy está el pueblo.
CBM	¿Y cuándo edificaron la actual parroquia de la Asunción?
DON EMILIO	En el siglo dieciocho.
CBM	Sin embargo, el retablo del altar mayor es del siglo dieciséis.
DON EMILIO	La nueva iglesia se edificó junto a la ermita de San Miguel, que era mucho más antigua; allí estaban el retablo del altar mayor y el de la Virgen del Rosario, así como otras obras de arte que ahora están en la parroquia.
CBM	¿A qué se refiere este nombre de "corona"?
DON EMILIO	A la corona donde la ermita está edificada, es decir, lo alto de la colina. Por cierto que, según algunos expertos, de ahí viene el nombre de Almudévar. Es de origen árabe y quiere decir "cerro redondo".
CBM	¿Es éste un pueblo religioso?
DON EMILIO	Hay mucho tradicionalismo, que no hay que confundir con la fé. Todo el mundo tiene gran devoción a la Virgen de la Corona. Cuando hacemos una colecta allí, siempre recogemos más dinero que en la parroquia. Para la Virgen de la Corona todo es poco.
CBM	¿Existe alguna organización juvenil a cargo de la parroquia?
DON EMILIO	Hay varios grupos de jóvenes de ambos sexos que se reunen periódicamente. Su propósito es la discusión de problemas propios de la juventud cristiana.
CBM	¿Quién dirige estos grupos?
DON EMILIO	Ellos mismos se hacen responsables y organizan sus actividades. Nosotros solamente cooperamos.
CBM	¿Cuales son sus actividades?
DON EMILIO	Sobre todo las discusiones en grupos. Ahora en el verano, han organizado excursiones por la provincia y a otras regiones, a las que se ha invitado a todo el pueblo. Esto ha tenido mucho éxito.
CBM	¿Ayudan en el Hogar de Ancianos?
DON EMILIO	Siempre que hace falta, y tienen muchos planes para más adelante. Pero tenga en cuenta que solamente hace unos meses que empezaron.
CBM	Don Emilio, muchas gracias. Le deseo a usted suerte en su primer destino.

VOCABULARIO

el cura—priest
coadjutor—curate
la parroquia—parish church
mezclado—mixed
la enseñanza—teaching
el fichero—filing system
la cigüeña—stork

encantado—delighted
el, la nieto,-a—grandchild
el arreglo—repairs
la albañilería—brickwork
la caja—case
el cerro—hillock
la esperanza—hope

FRASES Y
MODISMOS

nos hicimos cargo—we took in charge
algo así—something similar
cayó bien—it went down well
a su juicio—in your opinion
dio lugar—it gave rise to
todo es poco—nothing is enough
tenga en cuenta—bear in mind

EJERCICIOS

1. Don Emilio prepara una excursión a un valle de los Pirineos para el próximo fin de semana y visita a varios de los personajes a quienes ya conocemos, con el fin de invitarles. Imagine las conversaciones.

2. Don Emilio no es amigo de echar sermones a los niños de la escuela, sino que prefiere el diálogo como método de enseñanza. Imagine uno de estos diálogos sobre la virtud de la esperanza.

3. En las fotografías puede ver una de las salas del Hogar de Ancianos. Descríbala y diga qué cosas añadiría usted para aumentar el bienestar de los ancianos.

«Virgen de La Corona»

¡Felices Fiestas!

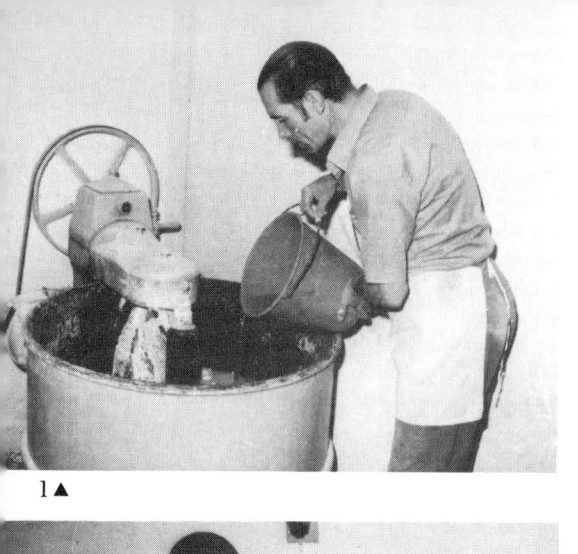

1▲

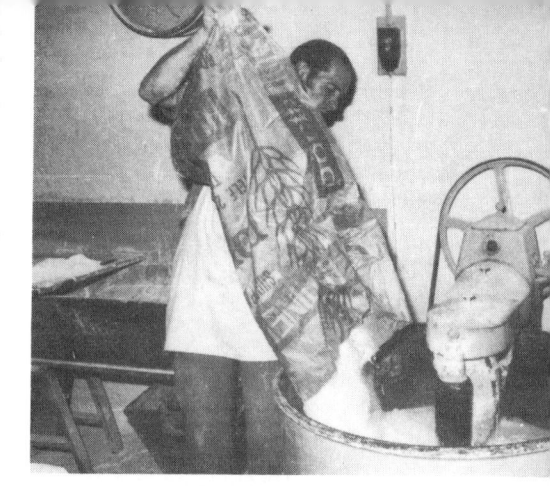

2▲

3▲   5▼

6▼   4▲

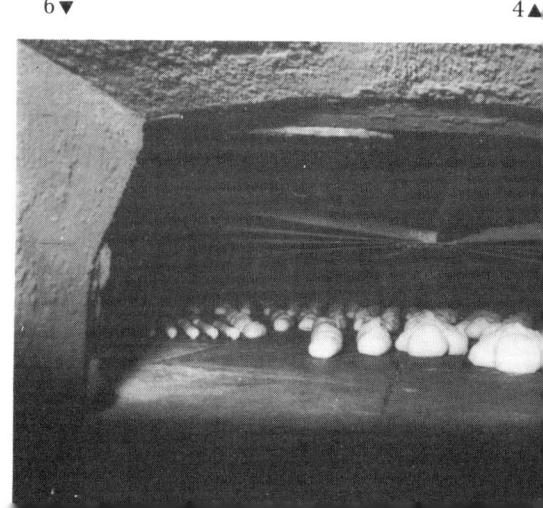

Pedro Dena y señora

PANADEROS

El señor Pedro Dena es uno de los cuatro panaderos que suministran de pan al pueblo de Almudévar. Su mujer, Trinidad Otín, le ayuda en la venta y en la repostería. La jornada de un panadero en un pueblo español es larga, pero una noche, después de cerrar su establecimiento, vinieron a charlar conmigo.

CBM   Señor Dena, ¿a qué hora empieza a preparar el pan?

SR DENA   A las cinco de la mañana. A las cuatro y media me levanto y en seguida peso todos los ingredientes. Tenemos una máquina de amasar, pero todo lo demás lo hacemos a mano.

CBM   ¿Cuáles son los ingredientes principales?

SR DENA   La harina, la sal, la "madre" y la "viena".

CBM   ¿Qué es la "viena"?

SR DENA   Nosotros ponemos dos clases de levadura: una hecha con masa de pan corriente, la "madre", y otra con masa de pan de Viena. Esta es una masa más fina, con algo de leche y manteca. Las levaduras las dejamos ya preparadas la noche anterior. (1,2)

CBM   Y después ¿qué hace?

SR DENA   Mi mujer y yo sacamos la masa de la máquina (3), la pesamos y empezamos a hacer los panes y las barras. Cada pan lo amasamos por separado. (4)

CBM   ¿Y cuándo lo ponen en el horno?

SR DENA   Todavía no se puede poner, porque hay que dejarlo para que suba. A eso de las siete de la mañana empezamos a cocer el pan. (5,6)

CBM   ¿Todo de una vez?

SR DENA   No, primero los panes grandes, que deben cocerse con el horno suave y después las barras, los panecillos y los panes pequeños que necesitan un horno muy fuerte.

CBM   ¿Qué clases de panes hacen ustedes?

SR DENA   Hacemos panes de kilo, de los que llamamos "panes rurales". Estos se conservan tiernos más tiempo. También hacemos panes de tres "moños" grandes, de un kilo, y pequeños, de un cuarto de kilo.

CBM   También hacen barras ¿verdad?

SR DENA   Si hacemos barras largas, de medio kilo y de cuarto de kilo. También panecillos de cien gramos. Y de encargo hacemos panes de todo tipo. Son muy populares los panes "cortados", es decir, aplastados como una torta y con cortes por encima haciendo cuadros. Tienen mucha corteza y se usan para hacer sopas de ajo.

Poniendo las últimas toques en estas tartas gigantescas

En la tienda, pan de todas clases

CBM	¿Cuándo terminan de cocer el pan?
SR DENA	A eso de las diez. A las doce termino de limpiar y recoger todo. Entonces yo paso a la tienda mientras mi mujer se va a preparar la comida.
CBM	Y así, por la tarde pueden descansar.
SR DENA	¡Ah, no! ¡De ninguna manera! A las dos de la tarde empezamos la repostería.
CBM	¿Quién la hace?
SRA OTIN	Mi marido prepara el bizcocho y yo hago todo lo demás, es decir, preparo los moldes, decoro las tortas, hago los rellenos etc . . . También hago las cajas de papel de barba que usamos para la torta bizcochada.
CBM	¿Qué postres hacen?
SRA OTIN	Todos los días hacemos bollos y tortas bizcochadas. Es lo que mejor se vende. Los jueves hacemos dobladillos y tortas dobladas.
CBM	¿Qué diferencia hay entre estos?
SRA OTIN	Los dobladillos llevan un relleno de pasas y piñones. Además la masa se hace con agua de anís y es más delgada. Las tortas no llevan relleno.
CBM	Y el resto de la semana ¿qué otras cosas hacen?
SRA OTIN	A medida que se van vendiendo, hacemos magdalenas, mantecadas, tortas de fiesta . . .
CBM	¿Hacen tartas también?
SRA OTIN	Hacemos tartas, pero solamente de encargo. Cuando más hacemos es los sábados y en víspera de fiesta. A veces he hecho hasta cincuenta. Y suelen ser tartas muy grandes, porque son para comidas familiares en las que se reúne mucha gente.
CBM	¿Cuántos huevos pone usted en cada tarta?
SRA OTIN	En una tarta familiar pongo doce huevos. En un brazo de gitano catorce.
CBM	¿En qué consiste el brazo de gitano?
SRA OTIN	Es un bizcocho muy delgado que se cubre con un relleno y se enrolla.
CBM	¿Qué relleno suele poner?
SRA OTIN	Aquí los más corrientes son la crema pastelera y la nata batida.
CBM	Me imagino que todo esto les ocupará la mayor parte de la tarde.
SR DENA	Efectivamente. No solamente hay que preparar los bizcochos sino enfornar, vigilar el horno para no dejarlos quemar, sacarlos cuando están cocidos; y las decoraciones llevan mucho tiempo. Además hay que atender la tienda al mismo tiempo, así como a la gente que viene a encargar postres.
CBM	Además del pan y los postres ¿cuecen alguna otra cosa en el horno?

SR DENA	Hacemos tortas de sardinas con tomate, que vendemos en la tienda. Además siempre que nos lo piden nuestros clientes, asamos ternasco. Para comidas de mucha gente resulta ideal y claro, medio ternasco, incluso uno muy pequeño, no cabe en un horno casero.
CBM	En otros pueblos he oido decir que también asan pavos.
SR DENA	Aquí se comen muy pocos pavos. Para todas las grandes fiestas prefieren el ternasco.
CBM	¿Cuándo tienen más trabajo?
SR DENA	Antes de fiestas de toda clase: las de Navidad o las del pueblo o la Virgen de Agosto. Pero no es por el pan . . .
CBM	¡Yo creía que aquí se comía mucho pan!
SR DENA	¡Qué va! Cada vez menos. La culpa la tienen los médicos, con esas tonterías de las dietas. Pero en cambio cada vez comen más dulces. Fiestas, cumpleaños, aniversarios, todo se celebra hoy día con tartas y dulces. Con frecuencia vienen aquí algunas señoras; yo les bato el bizcocho en la máquina y después se lo cuezo en el horno. Y ellas sólo tienen que decorarlo después.
CBM	¿Qué tipo de horno tienen?
SR DENA	Tenemos un horno automático que funciona con cualquier clase de combustible. Ahora uso fueloil. El fuego está separado del horno por tres cámaras, de forma que el calor es muy igual y no hay ningún peligro.
CBM	¿A qué hora cierran la tienda?
SR DENA	A las nueve de la noche.
CBM	¿Les ayuda alguien?
SRA OTIN	Nuestra hija ayuda mucho en la casa. Si no puedo dejar la tienda, ella prepara las comidas. Está estudiando todavía pero cuando puede, nos echa una mano.
SR DENA	Pasado mañana queremos ir a Santander en una excursión que han organizado el coadjutor y un grupo de gente joven. Bueno, pues tendré que empezar a hacer el pan mañana a las 7 de la noche. A las cuatro de la madrugada terminaré y entonces me ducharé y desayunaré para salir a las seis. La chica se quedará encargada de la tienda y nosotros podremos pasar dos días de vacaciones.
CBM	¿Entonces no toman nunca vacaciones más largas?
SR DENA	No puede ser. Hay mucha competencia en este oficio y no podemos abandonar la clientela durante una semana. Pero los domingos siempre cerramos, si no estamos de guardia, y a veces hacemos excursiones como ésta de que le hablaba.
CBM	Adiós y ¡que disfruten mucho con la excursión!

VOCABULARIO

la **repostería**—pastry making
el **peso**—weight
  amasar—to knead
la **harina**—flour
la **levadura**—yeast mixture
la **masa**—dough
la **manteca**—lard
la **barra**—'bread stick'
el **horno**—oven
  cocer—to cook
el **moño**—bun
  aplastado—flattened
el **corte**—cut
el **piñon**—pine kernel

la **corteza**—crust
el **ajo**—garlic
el **bizcocho**—sponge (cake)
el **relleno**—filling
el **papel de barba**—parchment
la **torta bizcochada**—sponge cake
la **nata batida**—whipped cream
el, la **pavo,-a**—turkey
el **dulce**—sweetmeat
  batir—to beat
el **peligro**—danger
la **ducha**—shower
  disfrutar—to enjoy

FRASES Y
MODISMOS

¿**Todo de una vez?**—All at once?
si no estamos de guardia—if we are not on call
¡**De ninguna manera!**—Not at all!

NOTA

"Torta" and *"Tarta"*—Torta is usually made of an enriched yeast dough and is rather a plain sort of cake. Tarta is more like what we know as "gateau".

EJERCICIOS

1. Redacte una lista de las clases de panes mencionadas por el señor Dena dando detalles y sugiriendo el uso adecuado de cada uno de ellos.

2. Imagine el diálogo entre la señora Dena y un cliente que va a encargar un brazo de gitano para celebrar el cumpleaños de su mujer.

3. El señor Dena hace, de encargo, la clase de pan que le pidan. Imagine una conversación en la que usted le encarga varios panes para "sandwiches", especificando cantidad, tamaño, composición etc.

PANADERIA y REPOSTERIA
PEDRO DENA

*LES DESEA UNAS FELICES FIESTAS
EN HONOR DE SU PATRONA
LA VIRGEN DE LA CORONA*

*C/. Dato, 8 — Teléfono 25 01 86
ALMUDEVAR*

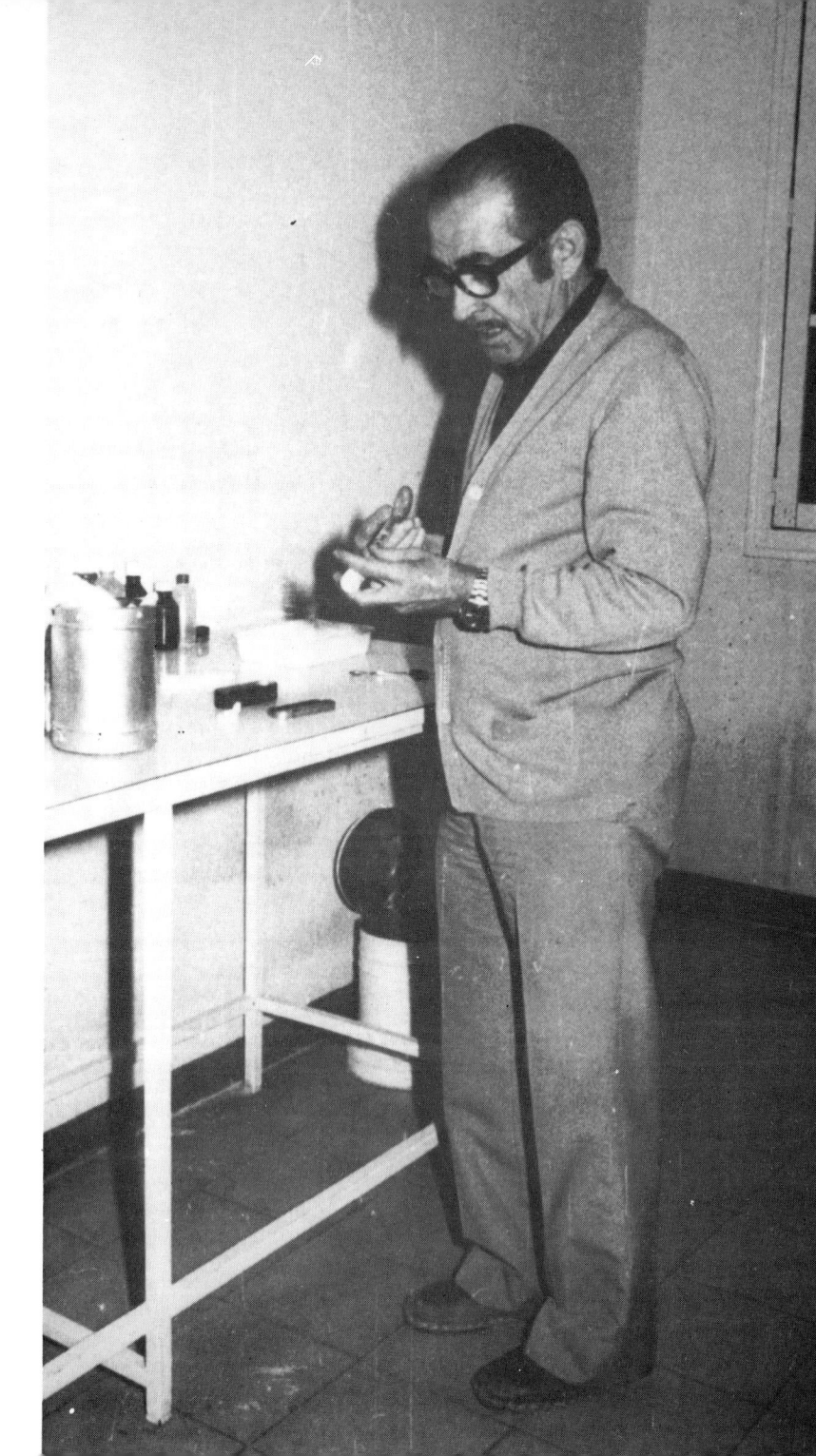

José Oliva

PRACTICANTE

El señor Oliva lleva una vida muy activa, en la que sus tareas profesionales se juntan a las que tiene como presidente del Casino y del Club de Fútbol de Almudévar. A pesar de esto accede a una entrevista con su amabilidad proverbial.

CBM	¿En qué consiste la profesión de practicante, señor Oliva?
SR OLIVA	El practicante es un auxiliar del médico.
CBM	Bueno, pero eso también se puede decir de los enfermeros.
SR OLIVA	Los enfermeros predominan en la medicina urbana, sobre todo en los hospitales y clínicas, pero rara vez trabajan en los medios rurales.
CBM	¿Y los practicantes?
SR OLIVA	Estos son casi exclusivamente los auxiliares de los médicos en los medios rurales.
CBM	Creo que esta distinción resulta algo confusa.
SR OLIVA	Estoy de acuerdo, y por esta razón se está tratando de unificar esta profesión. Para la mayor parte de los puestos auxiliares de medícina ahora se pide un título de A.T.S.
CBM	¿Qué quieren decir esas inciales?
SR OLIVA	Ayudantes Técnicos Sanitarios, que es el nombre que se da hoy día a los practicantes.
CBM	¿Tienen los practicantes tareas concretas?
SR OLIVA	Sí, aunque una lista completa sería un poco larga.
CBM	¿Cuáles son las más importantes?
SR OLIVA	La más importante de todas es dar inyecciones. En España se prefiere este método de administrar una medicina a cualquier otro. Siempre debe darlas un practicante, y esto se refiere a todo tipo de inyecciones, intramusculares, intravenosas o subcutáneas.
CBM	¿Qué otras tareas tienen?
SR OLIVA	Hacer lavados de estómago y extracciones de orina, obtener muestras de sangre para analizar y, bajo la supervisión del médico, aplicación de goteos, de oxígeno etc . . .
CBM	¿Pueden especializarse dentro de su profesión?
SR OLIVA	En realidad, la especialización es muy importante con vistas a ejercer en la medicina urbana. Hay especialidades de siquiatría, urología, traumatología etc . . .

CBM	Almudévar tiene tres mil habitantes. Aunque tiene dos médicos, usted es el único practicante para toda la población. ¿Cómo puede llegar a todo?
SR OLIVA	A base de muchas horas de trabajo. Porque además de Almudévar tengo a mi cargo tres pueblos anejos.
CBM	¿Cuál es la rutina en un día cualquiera?
SR OLIVA	Salgo de casa por la mañana a eso de las nueve para hacer las visitas de la asistencia médica domiciliaria. Estas son las visitas a los enfermos que no pueden dejar sus casas. Termino a la una y media. Por la tarde atiendo los casos urgentes: cólicos del hígado y del riñón, ataques al corazón, algún accidente etc . . . A las ocho de la tarde tengo la consulta.
CBM	¿No es un poco tarde?
SR OLIVA	A la gente de la ciudad puede parecerle así, pero hay que tener en cuenta que aquí casi todos trabajan en el campo. A esta hora pueden venir sin tener que interrumpir su trabajo.
CBM	Señor Oliva ¿puede explicarme en qué consiste la Sociedad del Casino?
SR OLIVA	Es simplemente una sociedad recreativa. Siento mucho decir que no es "cultural". Mire usted, compré una colección de libros preciosa . . . pues ahí están los libros sin tocar. En cambio se "tocan" mucho las cartas.
CBM	¿Se permiten los juegos de azar?

A. D. Almudévar posa con su presidente.

SR OLIVA   Ahora que se han legalizado en España seguramente se instalarán aquí también.

CBM   ¿Qué facilidades ofrece el casino a sus socios?

SR OLIVA   Café, bar y sala de fiestas.

CBM   ¿Y cuáles son las actividades más importantes?

SR OLIVA   Yo diría que las funciones de sociedad durante las fiestas de la Virgen de la Corona en septiembre. Estos años últimos también se celebra mucho la feria de San Isidro en Junio, que ha llegado a convertirse en una especie de fiesta del campo. Y los domingos hay baile para la gente joven.

CBM   Esto no es mucho para la gente joven.

SR OLIVA   Desde luego. Por eso hemos adquirido locales para una discoteca. Querría verla terminada. Después de eso me retiraré como presidente.

CBM   ¿Quienes pueden ser miembros del Casino?

SR OLIVA   Todo el mundo, sin excepción. Sólo tienen que pagar una cuota de entrada y una mensual. De unas 600 familias que viven en este pueblo, 450 tienen algún representante en la sociedad del Casino.

CBM   Usted es además presidente de la junta directiva del club de fútbol. ¿Cómo funciona esta junta?

SR OLIVA   Tenemos reuniones dos noches a la semana durante toda la temporada de fútbol.

CBM	¿Cuál es el objeto de estas reuniones?
SR OLIVA	Los martes nos reunimos para liquidar las cuentas del domingo anterior y los viernes para preparar el partido del domingo siguiente.
CBM	¿Qué clase de preparativos tienen que hacer?
SR OLIVA	Si se juega fuera de casa hay que buscar transporte y a veces alojamiento. Si se juega en casa hay que comprobar como están las instalaciones, dar el bando al pregonero, a veces mandar imprimir carteles de anuncios. En fin, mil cosas.
CBM	El Almudévar Club de Fútbol es bien conocido en círculos futbolísticos. ¿En qué categoría se encuentra ahora?
SR OLIVA	En primera categoría regional. Pero años atrás, llegamos a regional preferente. Hay que tener en cuenta que nuestros jugadores no son profesionales sino aficionados.
CBM	¿Ha llegado a ser famoso algún futbolista de Almudévar?
SR OLIVA	¡Ya lo creo! Almudévar es una buena cantera de futbolistas profesionales. Ahí tiene a Javier Planas, que ha jugado en partidos internacionales contra Escocia y la Argentina. Ahora juega con el Zaragoza. Y su hermano, lo mismo, y Lacruz que juega en el Levante de Valencia. Estos son de los más recientes.
CBM	¿Tienen buen campo?
SR OLIVA	¡Magnífico! Teníamos uno bastante modesto pero durante las fiestas de septiembre de 1976 inauguramos un campo que es de lo mejor en toda la provincia.
CBM	¿Quién lo ha costeado?
SR OLIVA	Es un campo *municipal*. Por lo tanto el Ayuntamiento se ha responsabilizado en todo lo que concierne al campo. Pero el pueblo ha ayudado muchísimo.
CBM	¿De qué forma?
SR OLIVA	De varias formas. Por ejemplo, un aspecto muy importante en la creación del nuevo campo ha sido la nivelación de los terrenos. Pues bien, el pueblo ha contribuido con un total de dos mil horas de tractor para nivelarlos. Además de esto, la ayuda económica ha sido muy generosa.
CBM	Señor Oliva, usted también ha sido muy generoso con su tiempo: muchas gracias.

VOCABULARIO

el, la enfermero,-a—nurse
el medio rural—country district
la muestra—specimen
el goteo—drip
el hígado—liver
el riñon—kidney
el corazón—heart
la consulta—surgery
precioso—lovely
los juegos de azar—gambling

la temporada—season
imprimir—to print
la cantera—quarry
la nivelación—levelling
la junta directiva—management committee
la reunión general—annual general meeting
el bando del pregonero—the announcement of the town crier

FRASES Y MODISMOS

estoy de acuerdo—I agree
Llegar a todo—to manage everything

EJERCICIOS

1. El Almudévar Club de Fútbol juega fuera de casa el domingo próximo y la junta directiva se reúne para discutir los preparativos. Imagine la conversación.

2. En la Reunión General de la Sociedad del Casino, el señor Oliva habla sobre la importancia de instalar una discoteca para la juventud. De palabra o por escrito reproduzca su discurso.

3. El señor Oliva tiene que ir a dar una inyección a casa del señor Aso. Invente la conversación entre los dos en la que el señor Oliva pregunta por todos los miembros de la familia y el progreso de su trabajo en la granja y en los campos.

Campo Municipal de Deportes
NTRA. SRA. DE LA CORONA
ALMUDEVAR

—— PARTIDO DE INAUGURACION ——

GENTILEZA DE

ALIMENTOS

PORTA

S. D. HUESCA
A. D. ALMUDEVAR

CABALLERO   Nº   00901

ALMUDEVAR

Josefina Gracia

TALLER DE REPARACIONES DE MOTOS Y BICICLETAS

Tenía interés en ver a Josefina Gracia en acción, y por eso fui a entrevistarla a su taller. Entre la limpieza de una moto y la reparación de un pinchazo en una bicicleta, contesta a mis preguntas.

CBM ¿Hace mucho tiempo que trabaja en el taller?

SRA GRACIA No mucho. Unos cinco años.

CBM ¿Cuál fué la causa?

SRA GRACIA Mi marido solía ocuparse del taller. Pero como es taxista tiene que salir con frecuencia, a veces para varios días. ¿Ha visto usted esa fábrica de hormigoneras a la entrada del pueblo? Pues mi marido trabaja para ellos con frecuencia, y a veces está fuera de casa durante una semana.

CBM Y naturalmente, durante su ausencia, alguien tenía que encargarse del taller.

SRA GRACIA Claro. Teníamos aprendices, pero eran muy jóvenes. Muchas veces al volver, encontraba todo sin hacer.

CBM Así que usted decidió ayudarle.

SRA GRACIA Eso es. Tenía que bajar a cuidar de la tienda y pensé: "¿Y por qué no puedo hacerlo yo?"

CBM ¿Quién fué su instructor?

SRA GRACIA Mi marido, por supuesto.

CBM ¿Es buen maestro?

SRA GRACIA No lo es, porque no tiene paciencia. No se da cuenta de que no lo puedo aprender todo en dos días.

CBM Yo le he visto reparar ese neumático, y me ha parecido usted muy eficiente.

SRA GRACIA Bueno, mi marido dice que por lo menos, lo hago mejor que los aprendices, con la ventaja de que salgo más barata. Y la gente no se queja de mí.

CBM ¿Qué clase de reparaciones efectúa?

SRA GRACIA En las bicis, toda clase de reparaciones: ruedas, frenos, manillar, cuadro etc . . . Pero en cambio no me atrevo a rectificar el motor de una moto o las partes eléctricas. Si es sólo cuestión de limpiar el motor, esto también lo sé hacer, y si está mi marido en el taller, le ayudo en todo lo que hace. Pero no me atrevo a hacerlo sola.

CBM   Además de reparaciones, usted tiene también una sección de ventas, ¿verdad?

SRA GRACIA   Pues sí. En Almudévar hay muchísima afición a las bicicletas. A todas horas verá usted las calles llenas de bicis. Y hoy día, con el precio de la gasolina, mucha gente prefiere la moto al coche.

CBM   ¿Son todas nuevas?

SRA GRACIA   Las que se ven en la tienda, sí. A veces vendemos alguna bici o moto de segunda mano, si un cliente nos lo pide.

CBM   ¿Qué marcas son las más populares?

SRA GRACIA   En bicicletas la BH, la Derby y la Iberia; ésta me parece que la fabrican los mismos de la BH.

Las herramientas están a la mano en un tablero hecho por el marido de la señora Gracia.

CBM   ¿Y de motos?

SRA GRACIA   Traemos la Montesa, la Gucci Hispania y la Derby.

CBM   ¿No traen marcas extranjeras?

SRA GRACIA   Aquí no tienen mucho éxito. Son muy caras y además es difícil obtener piezas de recambio. Para las españolas, podemos recibir el recambio en el mismo día que lo pedimos, a través de los representantes en Huesca.

CBM   ¿Tiene usted hijos, Josefina?

SRA GRACIA   ¡Ya lo creo! Tengo cinco hijos, cuatro chicas y un chico.

El taller de la señora Gracia resulta irresistible para los niños.

CBM   ¿Cuántos años tienen?

SRA GRACIA   La mayor tiene diecinueve años. La habrá visto usted en casa Bolea; bueno, quiero decir en Alimentación Alastruey. La segunda tiene diecisiete y va todavía a la escuela. La tercera tiene dieciséis y ayuda a servir las comidas en la fonda; como usted sabe, la señora Angeles es tía mía. La cuarta, de catorce años, está ayudando en la tienda que tienen los Alastruey en Huesca, pero esto sólo durante las vacaciones. El chico es el más pequeño.

CBM   ¿Tienen sus hijos afición a la mecánica?

SRA GRACIA   ¡Qué va! Las dos mayores son muy aficionadas al dibujo. La segunda ha hecho unos grabados en pirografía que han sido expuestos en Huesca. Pero me ayudan escribiendo las facturas a máquina.

CBM   ¿Cómo divide el tiempo entre su casa y el taller?

SRA GRACIA   Por la mañana no suelo trabajar en el taller. Si alguien viene le atiendo, pero vuelvo al piso. Vivimos encima del taller, lo que es una gran ventaja.

CBM   ¿Tiene alguien que le ayude en casa?

SRA GRACIA   Sí, mi suegra, que suele hacer la comida. Pero claro, ya no es joven y no le gusta salir de casa, por lo que tengo que hacer la compra todos los días.

CBM   También ayuda usted a su tía Angeles, de la Fonda La Corona . . .

SRA GRACIA   Naturalmente. Aquí, dentro de una familia, nos ayudamos todos cuando hace falta. Por ejemplo, si ella tiene que ir a Zaragoza y le parece que no podrá volver a tiempo, me llama y yo voy para echarle una mano con la comida. También cuando tienen una boda o una primera comunión.

CBM   Con tantas motos a su alrededor, no me va a decir que no monta en moto.

SRA GRACIA   Sé montar en moto y en bici, pero no lo hago casi nunca. Ni siquiera tengo permiso de conducir.

CBM   ¿Y sus hijas?

SRA GRACIA   Ellas sí. A las dos mayores les encanta y tienen el permiso. Hay mucha afición en el pueblo y varias chicas tienen sus propias motos.

CBM   ¿Toma vacaciones?

SRA GRACIA   Imposible. Esto no se puede dejar sin atender. Y mi marido tampoco puede moverse por si le llaman. Pero algunos días de fiesta nos vamos a comer al campo toda la familia. Esto sí que me gusta.

CBM   ¿Van en el coche?

SRA GRACIA   ¡Que somos ocho personas mayores! Necesitamos el coche y un par de motos por lo menos.

CBM   ¿Tiene alguna ambición personal?

SRA GRACIA   Me gustaría poder reparar motos sin ayuda de nadie. Claro que se necesita práctica y yo no puedo practicar mucho.

CBM   ¿Cree que las mujeres tenemos alguna ventaja en este oficio?

SRA GRACIA   Creo que sí. Las mujeres tenemos los dedos más ligeros y sensibles, lo cual es muy importante en algunas tareas. Se necesita mucha delicadeza para graduar unos platinos o manejar piezas muy pequeñas. También tenemos más paciencia, que es una virtud esencial para la mecánica.

CBM   ¡Animo y paciencia, pues!

VOCABULARIO

la limpieza—servicing
el pinchazo—puncture
 ocuparse—to be in charge
el neumático—tyre
el freno—brake
el manillar—handlebar
el cuadro—frame
 rectificar—to adjust

el dibujo—sketch
el grabado—engraving
el permiso de conducir—driving
 licence
ligero—light
sensible—sensitive
el platino—contact points
el, la marciano,-a—native of Mars

FRASES Y
MODISMOS

por supuesto—of course
salgo más barata—I am cheaper
por lo menos—at least

EJERCICIOS

1. En España, la comida del mediodía (a las dos o las tres de la tarde!) reúne a todos los miembros de la familia. Imagine la animada conversación en la mesa de la señora Gracia y lo que cada uno cuenta sobre su trabajo durante la mañana.

2. Invente la conversación por teléfono entre la "señora Angeles" y la señora Gracia. Aquélla se va a Zaragoza y pide la ayuda de la señora Gracia, informándole del menú, cantidades etc.

3. Un marciano visita Almudévar y trata de describir en español, y con la ayuda del vocabulario, la extraña máquina que ve por todas partes y que se llama "bicicleta".

Reparación de un neumático

Pascual Cuello

PREGONERO Y ALGUACIL MUNICIPAL

El señor Cuello es uno de los personajes mejor conocidos de Almudévar. Con la gorra de plato en la cabeza y el megáfono a la espalda, recorre en bicicleta todas las calles del pueblo. Su ingenio de "saputo" le ha permitido superar la pérdida de su antebrazo derecho y dos dedos de la mano izquierda en un accidente de su niñez.

CBM   ¿Cuánto tiempo hace que trabaja para el Ayuntamiento?

SR CUELLO   Hace veintiocho años. Yo había trabajado de pastor y de albañil; entonces estaba trabajando en Colonización, plantando árboles. Aunque me gustaba el trabajo, me cansaba mucho porque tenía que hacer veinte kilómetros diarios en bici. Este puesto es más cómodo.

CBM   ¿En qué consiste el trabajo de pregonero?

SR CUELLO   En echar los bandos y pregones que me dan, principalmente los del Ayuntamiento.

CBM   ¿Echa usted también pregones que no son oficiales?

SR CUELLO   Claro que sí. Es que hay dos tipos de pregones: públicos y privados. Los públicos son los que me encarga el Ayuntamiento u otras entidades oficiales como la Hermandad de Labradores, la Sociedad de Cazadores, el Casino y el Club de Fútbol.

CBM   Y los privados ¿cuáles son?

SR CUELLO   Todos los demás. Los más corrientes son para anunciar vendedores ambulantes. Si alguien ha perdido un objeto de valor, me piden que lo pregone. O también, cuando el dentista o el veterinario tienen consulta en el pueblo, lo anuncian por medio de un pregón.

CBM   ¿Puede darme un ejemplo de un pregón?

SR CUELLO   Pues si es para anunciar a un vendedor, digo: "El que quiera comprar . . . pantalones vaqueros y de trabajo . . . sábanas y camisas . . . todo muy barato . . . en la plaza se vende."

CBM   En el caso de un pregón del Ayuntamiento, ¿usa alguna fórmula especial?

SR CUELLO   Esos me los dan ya escritos. Generalmente empiezan con el nombre del alcalde: "Don Fulano de Tal, alcalde de Almudévar . . ."

CBM   Otros pregoneros suelen usar un tambor para anunciar los pregones. ¿Por qué lleva usted un cornetín?

SR CUELLO   Es más fácil de llevar. El tambor resulta muy incómodo si se va en bici.

CBM   ¿Hace distintos toques?

SR CUELLO	Sí. Para los bandos públicos toco un toque de atención como en el ejército. Para los privados toco otro distinto y tengo uno especial para el Club de Fútbol.
CBM	Lleva usted un equipo muy moderno.
SR CUELLO	¡Ah! Lo dice por el micrófono y el megáfono. Sí, son muy prácticos.
CBM	¿Quién le dió la idea?
SR CUELLO	Vi a un vendedor ambulante con este equipo. Le dije al señor alcalde: "Si no me lo compra usted, me lo compro yo mismo." Pero me lo compró él.
CBM	¿Cuántos pregones diarios tiene que echar?
SR CUELLO	Depende. Casi todos los días echo por lo menos un pregón y muchos días dos.
CBM	¿Cuál es el número máximo de pregones en un día?
SR CUELLO	Tres. Fíjese que echo un pregón en cada esquina, y hay treinta y cinco esquinas en el pueblo. Así que si las multiplica por tres, resultan más de cien pregones. ¡Bien se vale del micrófono!
CBM	Además de pregonero, señor Cuello, es usted alguacil municipal. ¿Qué funciones realiza?
SR CUELLO	Tengo que hacer todas las notificaciones para los juicios de conciliación ante el juez de paz. En las oficinas del Ayuntamiento ayudo a las auxiliares, recibo a la gente, en fin, lo que hace falta.

Su clarinete es un medio seguro de atraer la atención.

CBM   ¿Qué horario tiene en el Ayuntamiento?

SR CUELLO   Tengo jornada intensiva, es decir, de nueve a dos.

CBM   Entonces, tiene usted la tarde libre para su ocupación preferida, la fotografía.

SR CUELLO   Así es, aunque tengo también otras ocupaciones y no me queda tanto tiempo como yo querría.

CBM   ¿Cuándo empezó a sacar fotos?

SR CUELLO   Hace unos años, cuando hicieron obligatorio el Documento de Identidad. Cogí una máquina y saqué más de quinientas fotos. El año pasado saqué unas mil. Tengo carnet de fotógrafo profesional.

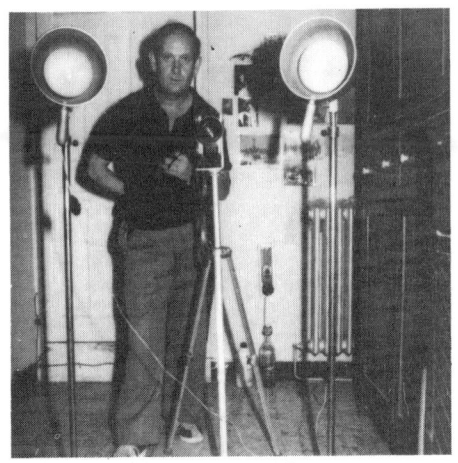

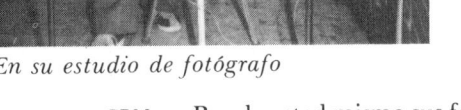

En su estudio de fotógrafo

CBM   ¿Revela usted mismo sus fotos?

SR CUELLO   Revelo las fotos en blanco y negro. Las de color las mando a un laboratorio especializado.

CBM   ¿No le resulta difícil realizar un trabajo de tanta precisión?

SR CUELLO   Difícil, no. Pero a veces resulta un poco pesado.

CBM   La fotografía, por lo tanto, es más que un pasatiempo para usted.

SR CUELLO   Ya lo creo. Me gustaría poderle dedicar más tiempo. Por medio de la Asociación de Minusválidos he pedido ayuda para hacer un curso sobre la fotografía en color. Mi ilusión es poder hacer también el revelado en color.

CBM   ¿Qué otras aficiones tiene usted?

SR CUELLO   Muchas. Lo que pasa es que no me queda tiempo. Pero me gusta cazar, trabajar en el huerto . . .

CBM	¿Dónde tiene el huerto?
SR CUELLO	Junto al jardín, detrás de la casa. Tengo toda clase de frutas y verduras.
CBM	¿Y no tiene un corral?
SR CUELLO	Eso le iba a decir. Tengo un gallinero debajo de la terraza y también tengo faisanes.
CBM	Eso es una cosa poco corriente.
SR CUELLO	Claro, porque hay que cuidarlos mucho. Tengo un macho y cuatro hembras. He comprado una incubadora en la que caben noventa huevos. Pero muchos no nacen y otros se mueren enseguida.
CBM	¿Por qué pasa esto?
SR CUELLO	Dicen que porque el macho es demasiado joven. Además no se pueden poner juntos los de distintas polladas, porque los recién nacidos se comen a los mayores.
CBM	¿Lo hace todo usted solo?
SR CUELLO	Mi mujer me ayuda algo, pero ella también tiene su trabajo. Es cocinera de las Escuelas Nacionales. Mi hija tiene diecisiete años, pero todavía está estudiando. Además no le gustan estas cosas.
CBM	¿Adónde va usted para sus vacaciones?
SR CUELLO	Otros años íbamos a algún balneario, dentro de la provincia. Pero el año pasado, llevé a mi mujer y a mi hija a Barcelona, porque no la habían visitado nunca. Este año las quiero llevar a Madrid, la cual tampoco conocen.
CBM	Parece que le gustan a usted las grandes capitales.
SR CUELLO	Sí que me gustan, pero yo preferiría unas vacaciones en bicicleta por varias regiones.
CBM	¿Y por qué no lo hace?
· SR CUELLO	Porque no me gusta ir solo. Querría encontrar un compañero, pero hoy día la gente prefiere viajar más deprisa.
CBM	Usted, en cambio, prefiere la bici.
SR CUELLO	La prefiero porque es un ejercicio muy sano. Claro que cuando tengo prisa o tengo que viajar mucho, prefiero la moto. Tengo una Gucci 75.
CBM	¿Puede conducirla con sólo un brazo?
SR CUELLO	Sí, con toda facilidad. Yo mismo le puse un filtro de aceite viejo en el manillar para poner el brazo derecho. Tengo también un motocarro que es muy práctico.
CBM	Bueno, señor Cuello, conozco sus habilidades y sé que esto es sólo un botón de muestra, pero ¡ basta por hoy! Adiós y muchas gracias.

VOCABULARIO	**el pregonero**—town crier
	el alguacil—bailiff
	la gorra de plato—peaked cap
	superar—to overcome
	el bando—public announcement
	el, la cazador,-a—hunter, huntress
	los pantalones vaqueros—jeans
	el tambor—drum
	el cornetín—small bugle

el toque—call (military)
el macho—male
la hembra—female
la pollada—brood, hatch
el balneario—spa
el motocarro—motorcycle with trailer
los artículos de tocador—toiletries
elija—choose (elegir)
minusválidos—handicapped

FRASES Y **sí que me gustan**—I *do* like them
MODISMOS **botón de muestra**—a sample

NOTAS *"Saputo":*—Almudévar is the birthplace of a well-known folk character, Pedro Saputo, from whom the natives get the nickname. There is a nineteenth century novel with this curious character as its hero who appears in it endowed with great wisdom and all kinds of skills. "Saputo", in the Aragonese dialect, is an archaic form of the word "sabio" — learned.

Colonización — A department within the Ministry of Agriculture with a similar scope to that of the Forestry Commission in Britain.

Hermandad de Labradores — Literally it means the "Brotherhood of Farmers" but in fact it is just the government-controlled syndicate of farm workers, which is now facing extinction.

Documento de Identidad — All adult Spaniards must have, and carry with them, this identity card, which includes a photograph and finger prints.

EJERCICIOS 1. Imagine distintos pregones para vendedores de ropa de caballero, señora y niño, ropa de cama, artículos de tocador, dulces, frutas de varias clases, así como un pregón para el próximo partido de fútbol.

2. El señor Cuello ha sacado la mayor parte de las fotografías de este libro. Elija varias de ellas e invente una conversación en la que usted pregunta al señor Cuello las circunstancias en las que sacó las fotografías.

3. Un proverbio español dice que "el pez grande se come al pez chico", pero es indudable que los faisanes del señor Cuello no conocen este proverbio. Dé una explicación "científica" de la conducta de los faisanes recién nacidos.

Carmen Cebrián

ALMACEN DE ELECTRODOMESTICOS Y MUEBLES

La señora Cebrián es una especie de huracán humano. Este huracán suele moverse en dirección a los distintos establecimientos desde los que opera su negocio. Es difícil localizarla y más difícil todavía encontrar unos momentos libres en su vida de frenética actividad. Pero un día, a la hora de la siesta, accede a visitarme en mi casa.

CBM	Almudévar está entre Huesca y Zaragoza. ¿No es esto una desventaja para su negocio?
SRA CEBRIAN	Yo no la noto. Tengo muchísimo trabajo, así que no debe de haber mucha competencia.
CBM	Sin embargo, algunos del pueblo prefieren comprar sus muebles y electrodomésticos en estas ciudades.
SRA CEBRIAN	Eso sí que es verdad. Pero por otra parte hay gente que viene de Huesca a comprar en mi establecimiento.
CBM	Y dentro del pueblo ¿ no hay nadie para hacer la competencia?
SRA CEBRIAN	Ahora dicen que van a poner otro almacén de muebles unos señores de Huesca. No sé como resultará, pero hace unos años pusieron uno y tuvieron que cerrar en seguida.
CBM	¿A qué se debe su éxito en los negocios, señora Cebrián?
SRA CEBRIAN	Pues no sé. A mí me llaman "gitana".
CBM	¿Qué quieren decir con esa expresión?
SRA CEBRIAN	Pues que tengo buen trato para la gente.
CBM	Es decir, que atiende a todos amablemente.
SRA CEBRIAN	Por lo menos, trato de hacerlo. Por ejemplo, ayer, estando usted en la tienda, ya vió a un señor que me pedía una nevera portátil. No quedaban neveras, pero no le iba a dejar sin nada; la quería para una excursión a Santander.
CBM	¿La que organizó el señor Coadjutor?
SRA CEBRIAN	Exactamente. Bueno, pues telefoneé inmediatamente a Zaragoza y al día siguiente la tenía aquí.
CBM	Esto le resultará algo caro, ¿no?
SRA CEBRIAN	A veces, después de pagar teléfono y transporte no me queda beneficio, pero tengo un cliente satisfecho.
CBM	¿Viaja usted mucho?
SRA CEBRIAN	Constantemente, sobre todo a Zaragoza.

CBM	¿Y dónde compra la mercancía?
SRA CEBRIAN	Depende, porque como ya sabe usted, además de ser agentes de Butano, vendemos principalmente electrodomésticos y muebles.
CBM	¿Dónde adquieren los muebles?
SRA CEBRIAN	Los de más calidad los adquirimos en Valencia. También compramos alguna cosa en Zaragoza, pero no hay tantas fábricas.
CBM	¿Cómo eligen los muebles?
SRA CEBRIAN	Por medio de catálogos. Las fábricas nos envían folletos con toda clase de detalles, y catálogos con fotografías e ilustraciones.
CBM	Así que sus clientes eligen los muebles por medio de estos catálogos.
SRA CEBRIAN	¡Ah, no! A la gente le gusta ver bien las cosas antes de comprarlas. Nosotros encargamos los muebles que nos parece que se venderán bien. Tenemos un almacén de cuatrocientos metros cuadrados, lleno de muebles hasta los topes.
CBM	¿Y los electrodomésticos?
SRA CEBRIAN	Estos los compramos en los depósitos que hay en Zaragoza. Se pueden encontrar todas las marcas más conocidas: Westinghouse, Odessa, Indesit, Miele . . .
CBM	Señora Cebrián, ¿cómo inició este negocio?

El almacén 'lleno de muebles hasta los topes'.

La familia ayuda detrás del mostrador de la sección de tabacos.

SRA CEBRIAN	Pues verá, hace unos veinte años nos hicieron agentes distribuidores de Butano. La gente nos pedía consejo sobre las cocinas de gas, que entonces casi no se conocían. Después empezaron a encargarlas. Al tiempo que recogíamos el Butano en Zaragoza, comprábamos las cocinillas de encargo.
CBM	Y poco a poco ustedes han añadido otras cosas.
SRA CEBRIAN	Así fué. Pero tuvimos la suerte de que un señor de Zaragoza con el que habíamos tenido relaciones comerciales, nos ofreció un depósito de electrodomésticos por un valor de 250.000 pesetas.
CBM	¿Cuánto tiempo hace de esto?
SRA CEBRIAN	Doce años. Claro, entonces esa cantidad era mucho dinero. Pero él tenía fe en nosotros.
CBM	Es decir, que empezaron con los electrodomésticos solamente.
SRA CEBRIAN	Eso es. Cocinas de gas y eléctricas, refrigeradores, estufas y televisores.
CBM	¿Y cómo se le ocurrió traer muebles?
SRA CEBRIAN	Nos pedían muebles de cocina, mesas y armarios sobre todo. Después alguien nos pidió un dormitorio para una hija que se casaba, luego otros nos pidieron un comedor, para sustituir al viejo, después un tresillo . . . En fin, cuando vimos que los encargos aumentaban, decidimos instalar un almacén.

CBM   ¿Cómo anuncia los artículos de venta?

SRA CEBRIAN   Generalmente no los anuncio. El pueblo es pequeño y en seguida nos enteramos de todo. Pero alguna vez, para algo urgente, le pido al pregonero que me eche un pregón.

CBM   ¿Qué casos urgentes tiene usted?

SRA CEBRIAN   Por ejemplo, a fines de invierno, interesa sacarse de encima las estufas. Entonces las ofrezco a precios de saldo por medio del pregonero.

CBM   ¿Cuántos trabajan en el negocio?

SRA CEBRIAN   Toda la familia, es decir: mi marido y mis dos hijos mayores. Los dos pequeños todavía están estudiando, pero ya ayudan durante las vacaciones.

CBM   ¿Tiene cada uno de ellos alguna tarea especial?

SRA CEBRIAN   Mi hija mayor se encarga de la tienda de artículos de regalo y cocina. Mi hijo mayor, Mauricio, que es técnico de electrónica, se encarga de distribuir e instalar los muebles y electrodomésticos, y de las reparaciones.

CBM   ¿No he visto su nombre entre los Danzantes de Almudévar?

SRA CEBRIAN   Si por cierto. En nuestra familia hay mucha afición a los cantos y bailes de la región. Vicente, el chico pequeño, canta la jota con mucho estilo.

La señora Cebrián al volante del SAVA

CBM	Soy testigo de eso. ¿Y de qué se encargan usted y su marido?
SRA CEBRIAN	Mi marido ayuda donde hace más falta: con la agencia de Butano, entregando muebles, o sirviendo en la tienda. Yo me encargo sobre todo de comprar la mercancía, llevar las cuentas y atender a los clientes en el almacén.
CBM	¿Qué vehículos tienen ustedes?
SRA CEBRIAN	Tenemos dos furgones: uno Citroen muy viejo y uno nuevo SAVA J4 de la casa Pegaso.
CBM	¿Los conduce usted?
SRA CEBRIAN	¡Ya lo creo! Pero lo que me gusta conducir es el Renault 16 que acabamos de comprar. Hace poco tuve que ir a Barcelona por asuntos de negocios y me lo pasé en grande. Ya se lo puede imaginar, con coche nuevo y potente y en la nueva autopista, no corría, sino que volaba.
CBM	¿Qué dice su marido, el señor Laclaustra, de su éxito como mujer de negocios?
SRA CEBRIAN	Está encantado. Y eso que hay quien viene a la tienda preguntando por el "señor" Cebrián. El les dice: "El "señor" Cebrián es ella. Yo sólo soy el señor Laclaustra."
CBM	¿Qué planes tiene para el futuro?
SRA CEBRIAN	De momento, lo más urgente es tener todas las existencias bajo un mismo techo. Tenemos un edificio a medio terminar. Allí podremos tener las distintas secciones bien instaladas.
CBM	¿Le parece a usted que Almudévar es un pueblo próspero?
SRA CEBRIAN	Sí que lo es, y puede creer usted lo que le digo. Aquí no hay que traer artículos de mala calidad; nadie los quiere ni regalados. Pero si son cosas de buena calidad, los compran sin importarles el precio.
CBM	Casi no me atrevo a preguntarle qué hace en su tiempo libre. Me imagino que no le quedará mucho.
SRA CEBRIAN	¡Ya lo puede decir! Pero por lo menos cerramos los domingos.
CBM	¿Y vacaciones?
SRA CEBRIAN	Eso es imposible por ahora. Estoy al frente del negocio y no lo puedo dejar durante una semana. Pero no lo echo en falta. Tengo que viajar mucho, así que me encanta quedarme en casa los días de fiesta.
CBM	Ha sido usted muy amable viniendo aquí para esta entrevista, pero no quiero entretenerla más. Muchas gracias, señora Cebrián.

VOCABULARIO

los muebles—furniture
el almacén—store
el, la gitano,-a—gipsy
la nevera—ice-box
el folleto—booklet
la cocina de gas—gas cooker
la fe—faith

el tresillo—three-piece suite
el saldo—sale
el danzante—folk dancer
entregar—to deliver
la dueña de casa—housewife
colocar—to place

FRASES Y
MODISMOS

es decir—that is to say
sí por cierto—most certainly
no los quieren ni regalados—they do not want them at any price
ya lo puede decir—you can say that again
no lo echo en falta—I do not miss it
sacarse de encima—to get rid of
a medio terminar—half finished

EJERCICIOS

1. La señora Cebrián escribe a su marido, el señor Laclaustra, contándole los incidentes del viaje a Barcelona y las visitas a varias fábricas de esta ciudad.

2. Usted ha adquirido una casa en Almudévar y quiere comprar lo necesario para la cocina, el comedor, el cuarto de estar y dos dormitorios. Imagine la conversación con la señora Cebrián en la que discuten calidades, precios, estilos etc. . . .

3. Mauricio Laclaustra, el hijo mayor de la señora Cebrián, entrega a domicilio un comedor y un dormitorio que ha comprado una familia de Almudévar. Imagine el diálogo con la dueña de casa en el que ésta le dice donde colocar cada mueble.

ELECTRODOMESTICOS Y MUEBLES

CEBRIAN